NEGÓCIO JURÍDICO NO DIREITO TRIBUTÁRIO

Ensaio sobre uma teoria da simulação

CIP-BRASIL. CATALOGAÇÃO NA PUBLICAÇÃO
SINDICATO NACIONAL DOS EDITORES DE LIVROS, RJ

P723n

Pinho, João Ricardo Dias de

Negócio jurídico no direito tributário : ensaio sobre uma teoria da simulação / João Ricardo Dias de Pinho. - 1. ed. - São Paulo : Noeses, 2018.

168 p. : il. ; 23 cm.

Inclui bibliografia

ISBN 978-85-8310-101-7

1. Direito tributário. 2. Negócio jurídico. I. Título.

18-48649

CDU: 34:351.713

João Ricardo Dias de Pinho

Doutor e Mestre em Direito Tributário pela Pontifícia Universidade Católica de São Paulo – PUC/SP. Pós-graduado em Direito Empresarial pela Universidade Presbiteriana Mackenzie – MACK/SP. Professor nos cursos de Especialização em Direito Tributário do Instituto Brasileiro de Estudos Tributários – IBET. Advogado.

NEGÓCIO JURÍDICO NO DIREITO TRIBUTÁRIO

Ensaio sobre uma teoria da simulação

editora e livraria
NOESES

2018

Copyright © Editora Noeses 2018
Fundador e Editor-chefe: Paulo de Barros Carvalho
Gerente de Produção Editorial: Rosangela Santos
Arte e Diagramação: Renato Castro
Revisão: Georgia Evelyn Franco
Designer de Capa: Aliá3 - Marcos Duarte

Nota do editorial: as referências bibliográficas e as transcrições foram mantidas na forma orto-gramatical de origem.

TODOS OS DIREITOS RESERVADOS. Proibida a reprodução total ou parcial, por qualquer meio ou processo, especialmente por sistemas gráficos, microfílmicos, fotográficos, reprográficos, fonográficos, videográficos. Vedada a memorização e/ou a recuperação total ou parcial, bem como a inclusão de qualquer parte desta obra em qualquer sistema de processamento de dados. Essas proibições aplicam-se também às características gráficas da obra e à sua editoração. A violação dos direitos autorais é punível como crime (art. 184 e parágrafos, do Código Penal), com pena de prisão e multa, conjuntamente com busca e apreensão e indenizações diversas (arts. 101 a 110 da Lei 9.610, de 19.02.1998, Lei dos Direitos Autorais).

2018

editora e livraria
NOESES

Editora Noeses Ltda.

Tel/fax: 55 11 3666 6055

www.editoranoeses.com.br

À Ana Carolina, Artur e Vitor, por quem,
na penitência das minhas ausências,
empenhei os esforços necessários para fazer valer a pena.

AGRADECIMENTOS

Diversas foram as pessoas que colaboraram de alguma forma com o projeto acadêmico que culminou na realização desse trabalho, dentre essas, merecem destaque: meus pais (Wilson e Eliza), Paulo de Barros Carvalho, Estevão Horvath, Fabiana del Padre Tomé, Tárek Moysés Moussallem, Carlos Ferreira de Almeida, Danilo Marcondes de Souza Filho, Eurico Marco Diniz de Santi, Torquato Castro Jr., Thais Helena Morando, Eduardo Franco Cândia, Herbert Covre Lino Simão, Taís Feracini Duenhas Monreal, Caroline da Cunha Cabral Costa e Jean Samir Nammoura.

A par desses agradecimentos, dois registros especiais precisam ser feitos: um, de reverência aos funcionários e mantenedores das bibliotecas que se têm por existentes, pelo silencioso serviço que prestam à construção do conhecimento; outro, de admiração ao professor Clélio Chiesa que, pela perseverança inabalável, tem-se feito, cada vez mais, um exemplo para todos nós.

Preciso, também, dar os créditos pelo título do trabalho ao fraterno amigo Ricardo Anderle; essa colaboração marca, ainda mais, a academia tributária como símbolo da nossa amizade.

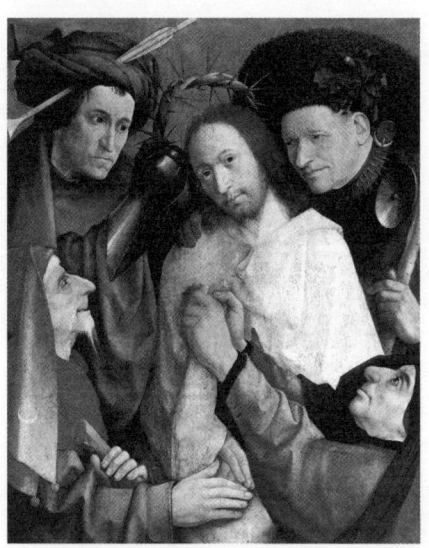

Cristo coroado de espinhos, de Hieronymus Bosch.

"Os verdugos do Cristo aparecem com quatro tipos humanos que, na mente medieval, representavam uma visão total da humanidade. Cada um desses tipos é como que uma grande tentação para a amplitude e paciência da expressão de Cristo. São quatro estilos de alienação e perda de equanimidade interior.

Há muito o que contemplar e refletir sobre essas quatro tentações. Para nós, porém, no início do longo itinerário que será este livro, o personagem do canto inferior direito é particularmente importante. Segura Jesus pelo manto. Firma-o contra o solo. Segura-o e restringe sua liberdade fixando sua perspectiva. Parece estar dizendo: 'Mas eu sei, eu já o sei'.
Eis a tentação da **certeza**".

(*A grande tentação*, Humberto Maturana e Francisco Varela)

PREFÁCIO

Tema que tem ocupado espaço sem precedentes nas discussões dos tributaristas diz respeito à validade do negócio jurídico e seus efeitos tributários. De um lado, tem-se a opção negocial do particular, fundada na autonomia da vontade; de outro, a prática de negócio jurídico simulado, para exteriorizar uma realidade jurídica, encobrindo outra efetivamente praticada. Nesse sentido, tenho afirmado que por simulação compreende-se, em síntese, uma declaração enganosa da vontade, visando a produzir efeito diverso daquele que a declaração real da vontade acarretaria.

Mas, como determinar uma "declaração enganosa da vontade"? Como saber sobre a "vontade real"? Se o real é infinito e irrepetível, haveria mecanismos para alcançá-lo? Tal determinação, penso eu, só é possível nos limites da própria linguagem constitutiva do ordenamento. Daí a relevância da interpretação, dirigida aos vestígios dos atos de fala que tenham inserido o negócio no sistema do direito.

Pois bem. No degrau da hermenêutica jurídica, o grande desafio de quem pretenda desvelar o conteúdo, sentido e alcance das regras de direito radica na inafastável dicotomia entre a letra da lei e a natureza do fenômeno jurídico subjacente. No exercício dessa tarefa, depara-se o estudioso com realidade juridicamente complexa. Analisando no contexto de uma visão sistemática, onde as unidades normativas se entreligam formando uma estrutura sintática; onde há, inequivocamente, um referente semântico consubstanciado pela região material das condutas, ponto de confluência das iniciativas reguladoras do comportamento intersubjetivo; e onde se verificam as inesgotáveis manifestações dos fatores pragmáticos. Tudo isso, repito, traz ao estudo do fenômeno jurídico complexidades imensas. Na qualidade de exegeta, deve partir da literalidade do texto, e buscar as significações sistêmicas, aquelas que retratam os específicos parâmetros instituídos pelo sistema. E esses obstáculos à construção de sentido estão presentes nos diversos níveis de linguagem inerentes ao percurso de positivação do direito, deles não escapando quem pretenda examinar um negócio jurídico.

Ciente dessa dificuldade interpretativa e dos problemas que dela decorrem, João Ricardo Dias de Pinho elegeu o negócio jurídico no direito tributário como mote de seus estudos, aprofundando-se em sua intimidade estrutural para, examinando os aspectos compositivos e percorrendo as dimensões dos atos de fala, propor elementos para uma teoria da simulação. Para tanto, dedica-se à figura da "ação performativa", desde a enunciação até seus produtos: enunciação-enunciada e enunciado-enunciado. O Autor põe em evidência os procedimentos de formação do texto negocial, lidando com a "intenção no negócio jurídico" em toda sua complexidade e estágios para, ao final, tecer conclusões objetivas sobre a verdade, a simulação e o abuso de direito nos negócio jurídicos, com as respectivas consequências de ordem tributária.

Reavivemos em nossa memória que as chamadas regras procedimentais, tão frequentes nos textos prescritivos do direito e que informam a concretização negocial, são apropriações que o ser humano promove no território das relações de causalidade, fazendo surgir liames de meio e fim. Se bem refletirmos, a celebração de um ato qualquer reclama o preenchimento de requisitos, a satisfação de expedientes sem os quais o acontecimento não se verifica no mundo do direito. A própria configuração dos institutos jurídicos depende do implemento de providências, por mais simples que possa parecer a iniciativa: não há como pensar no reconhecimento de conduta juridicamente qualificada sem que o agente tenha percorrido o chamado *iter procedimental*, feixe das condições básicas para o surgimento da figura. Tais regras são enunciados prescritivos que operam com o núcleo lógico *ter-que*, consistente em determinado tipo de procedimento a ser rigorosamente cumprido.

A despeito disso, necessário ter sempre em mente que o *ser procedimento* é estrutura que se organiza para atingir uma finalidade, de modo que ambos – sequência procedimental e valores almejados – hão de estar em harmonia. Ciente dessa complexidade, João Ricardo promove incursão no tema das ações negociais, enfrentando o suposto dilema "forma e conteúdo", sempre com o escopo de examinar o negócio jurídico em sua integridade constitutiva.

A obra que a Editora Noeses ora traz à publicação, intitulada *Negócio Jurídico no Direito Tributário – Ensaio sobre uma Teoria da Simulação*, é fruto da tese de doutorado, desenvolvida no âmbito do Programa de Pós-Graduação em Direito da Pontifícia Universidade Católica de São Paulo. Trata-se de trabalho de excelência científica, que toma como referencial teórico o constructivismo lógico-semântico, apresentando bases exegéticas fortalecidas com as contribuições fecundas da teoria da linguagem, para, firme em tais instrumentos, enunciar sobre tema de tamanha relevância e complexidade.

Bem se vê que tudo recomenda a leitura desta obra de João Ricardo Dias de Pinho, destinada aos interessados em assuntos tributários, quer na condição de estudantes, de técnicos ou de cientistas do Direito, pois que representa relevante contribuição a esse setor do saber jurídico.

São Paulo, 12 de março de 2018.

Paulo de Barros Carvalho
Professor Emérito e Titular de Direito Tributário da PUC/SP e da USP. Membro titular da Academia Brasileira de Filosofia.

SUMÁRIO

PREFÁCIO.. XI

INTRODUÇÃO 01

CAPÍTULO 1 – NEGÓCIO JURÍDICO: UMA ANÁLISE SOB O CONCEITO DE AÇÃO PERFORMATIVA.......... 05

   1.1 A ação performativa na teoria dos atos de fala...... 07

   1.2 A ação performativa e a forma dos enunciados 11

   1.3 A ação performativa nos conjuntos enunciativos (enunciação enunciada e enunciado enunciado) . 16

   1.4 Ação performativa nos enunciados negociais....... 18

      1.4.1 Enunciação enunciada e a ação performativa de primeiro nível (ação deôntica).............. 18

      1.4.2 O enunciado enunciado negocial e a ação performativa de segundo nível (ação negocial).... 22

         1.4.2.1 A analogia entre ações negociais........ 29

   1.5 Negócio jurídico como ação negocial formal-jurídica 30

CAPÍTULO 2 – FORMAÇÃO E ESTRUTURA DO TEXTO NEGOCIAL 35

    2.1 O princípio da autonomia privada e a competência negocial 37

    2.2 Causa e causalidade 41

        2.2.1 Causalidade intencional 45

    2.3 Norma jurídica negocial 51

    2.4 Bilateralidade no negócio jurídico e na relação jurídica 58

    2.5 Macroação negocial e o negócio jurídico indireto ... 61

CAPÍTULO 3 – O NEGÓCIO JURÍDICO NA NORMA TRIBUTÁRIA 69

    3.1 Materialidade tributária e o conceito de negócio jurídico 69

    3.2 Camadas de linguagem na incidência tributária ... 72

CAPÍTULO 4 – O PROBLEMA DA VERDADE NO NEGÓCIO JURÍDICO 77

    4.1 Verdade nos enunciados negociais 80

    4.2 A verdade na analogia de ações negociais e o dilema "forma e conteúdo" 82

    4.3 Insinceridade nos enunciados negociais 85

CAPÍTULO 5 – VALIDADE DO NEGÓCIO JURÍDICO ... 87

    5.1 Validade do enunciado negocial 91

    5.2 Validade da ação negocial 94

    5.3 Repercussão da validade do negócio na constituição do fato jurídico tributário 96

CAPÍTULO 6 – A INTENÇÃO NO NEGÓCIO JURÍDICO — 99

6.1 Intenção prévia e intenção em ação 99

6.2 Causa intencional: o gênero que abrange a função, o motivo e a vontade do negócio jurídico 101

6.3 Intenção complexa e os estágios intencionais do "fazer" e do "por que fazer" 106

    6.3.1 Estágio intencional do "fazer": o quê é feito pelo dizer 108

    6.3.2 Estágio intencional do "por que fazer": o porquê se faz o que se faz 118

6.4 Revisitando os conceitos de vontade, função e motivo do negócio jurídico 122

CAPÍTULO 7 – SIMULAÇÃO DO NEGÓCIO JURÍDICO — 125

7.1 Simulação como problema da verdade do negócio jurídico: uma crítica 125

7.2 Simulação como problema de intenção do enunciado negocial: uma proposta 128

7.3 Simulação e abuso de direito: uma confusão 133

CONCLUSÕES 137

1ª Conclusão 137

2ª Conclusão 138

3ª Conclusão 139

4ª Conclusão 140

5ª Conclusão 141

REFERÊNCIAS 143

INTRODUÇÃO

> *"Afinal, todo trabalho que se preze e que queira se apresentar com certa elegância tem de realizar um duplo esforço, aquele envolvido em sua própria realização e o segundo esforço, mais sutil, de ocultar o próprio esforço."* (Lúcia Santaella)

Desde o início dos nossos estudos de direito tributário, nos movimentamos com considerável apreço pelo tema da incidência, quiçá pelo modo como tem sido abordado nos cursos de pós-graduação da Pontifícia Universidade Católica de São Paulo – PUC/SP e do Instituto Brasileiro de Estudos Tributários – IBET.

Pensar o direito, estruturando-o sintaticamente, para analisá-lo semanticamente, qualidade especial da regra-matriz de incidência, sempre nos cativou, e cativa.

Provavelmente isso tenha despertado nossa curiosidade pelo tema da simulação do negócio jurídico, dada a sua relação com a incidência tributária.

Realizados os primeiros movimentos de investigação, verificamos que para oferecer respostas às indagações suscitadas pelo tema, de modo mais alinhado à escola analítica do direito tributário, precisávamos colocar o próprio negócio jurídico no centro do debate.

Demos, então, início ao estudo do negócio jurídico. Nessa etapa, tivemos uma grata surpresa: a obra de Carlos Ferreira de Almeida, que aborda o negócio jurídico sob a perspectiva dos enunciados performativos. Era a peça que faltava para explicar como uma categoria pode existir enquanto tal e ser "falsa". Surgiu assim, nova curiosidade: a teoria dos atos de fala. E, daí em diante, quase que numa transitividade cognitiva, a ela foram se somando outras: teoria de intencionalidade, teoria da ação de Gregorio Robles e teoria da macroação.

Nesta crescente busca por bases teóricas que nos auxiliassem a enfrentar os problemas que a simulação do negócio jurídico apresenta à incidência tributária, sempre tivemos os fundamentos do constructivismo lógico-semântico por companhia.

Não obstante isso, se deve ter em mente que as remissões feitas a essas teorias, que vão dando as caras ao longo do trabalho, não foram perfilhadas sob uma posição filosófica, o foram apenas debaixo dos olhos de quem, na tentativa de construir uma retórica dogmática consistente, se deu conta da importância de se embrenhar por esses campos "teóricos" para solucionar problemas "práticos", e, enfim, apreendeu a expressão: "não há diferença entre a teoria e prática, o que há é conhecimento do objeto".

E como qualquer discurso que aspira a um mínimo de rigor técnico-científico, fixamos, no início (Capítulo 1), boa parte de nossas premissas, principalmente a relacionada à função performativa dos enunciados negociais. Aliás, se tivéssemos que eleger o capítulo mais importante, aquele que constitui as bases do trabalho, elegeríamos o Capítulo 1.

Nos capítulos 2 e 3, abordamos, respectivamente, temas mais específicos da teoria do negócio jurídico e sua intersecção com a incidência tributária.

Nos capítulos 4, 5 e 6 foi onde despendemos mais energia, principalmente no capítulo 6, dedicado à intenção e ao modo como ela influi na significação do dizer. Boa parte de nós olha de soslaio para a intenção, colocando-a sob uma perspectiva caso a caso. Não que essa perspectiva seja inadequada na abordagem de questões intrinsicamente ligadas à pragmática discursiva, o problema é que esse trato casuístico da intenção tem levado o debate a um nível tal de subjetividade, que em dado momento não se sabe de que intenção se está falando. Talvez isso seja determinante para a profusão de conceitos como "ausência de propósito negocial", "ato anormal de gestão", "finalidade exclusiva de economia tributária", "atos em sequência" e etc.

Os objetivos que nos instigaram ao elaborar o capítulo 6 tinham um fim muito claro: propor uma alternativa aos critérios que atualmente governam a classificação dos negócios jurídicos simulados, eis que embora eles se apresentem na doutrina de forma facilmente assimilável, se revelam como de difícil aplicação ante a concretude dinamizada pelos interesses tributários. Demos corpo a esse intento no Capítulo 7.

Na medida em que nossas conclusões foram alinhadas, almejamos que, no julgamento que virá, elas sejam reputadas como suficientemente esclarecedoras e necessariamente provocadoras, pois, pior que estar errado na discussão certa, é estar certo na discussão errada.

CAPÍTULO 1
NEGÓCIO JURÍDICO: UMA ANÁLISE SOB O CONCEITO DE AÇÃO PERFORMATIVA

Os estudos sobre o negócio jurídico normalmente o inserem como tópico de uma teoria do fato jurídico. Apresentam-no como uma espécie do fato jurídico *em sentido amplo*. Sendo o fato jurídico o recorte da realidade sobre o qual incide a norma jurídica – não automática e infalivelmente como quer Pontes de Miranda,[1] mas por meio da articulação linguística como defende Paulo de Barros Carvalho,[2] – o negócio jurídico, como

---

1. "Das considerações acima temos de tirar: (a) que é falsa qualquer teoria que considere apenas *provável* ou *suscetível* de *não ocorrer* a incidência das regras jurídicas (o homem não organizou a vida social deixando margem à não incidência, porque teria sido o ordenamento alógico, em sistema de regras jurídicas em que essas poderiam não ser), e.g., as teorias que afirmam que algumas regras jurídicas não se aplicam e, pois, não são (confusão entre *incidência* e *aplicação)*" (*Tratado de direito privado*, Tomo I, p. 50). "A incidência da regra jurídica ocorre como fato que cria ou continua de criar o mundo jurídico; é fato dentro do mundo dos nossos pensamentos, – perceptível, porém, em consequências que acontecem *dentro* do mundo total. Quando o Código Civil estatui que, 'aberta a sucessão', isto é, morto alguém, 'o domínio e a posse da herança' se 'transmitem', desde logo, os herdeiros legítimos e testamentários', estabelece ele que ao fato (jurídico) da morte suceda, imediatamente, o fato jurídico da transmissão dos bens; nenhum instante fica vazio entre a propriedade do falecido e a propriedade dos herdeiros" (Idem, p. 53).

2. "Ainda que as ponderações transcritas proponham uma visão precisa do fenômeno observado, creio que seja a hora de dizer, novamente, e com todas as letras, que a previsão abstrata que a lei faz, na amplitude de sua generalidade, não basta para disciplinar a conduta intersubjetiva da prestação tributária. Sem uma norma

sua espécie, é o recorte dessa realidade que tem por objeto uma manifestação de vontade,[3-4] ao passo que a outra espécie, o fato jurídico em sentido estrito, tem por objeto qualquer coisa que não seja uma manifestação de vontade.[5]

Nesse contexto, guiaremos nossas considerações sobre o negócio jurídico, *i.e.*, tendo em mente que ele se insere na classe dos fatos jurídicos em sentido amplo como uma de suas espécies.

---

individual e concreta, constituindo em linguagem o evento contemplado na regra-matriz, e instituindo também em linguagem o fato relacional, que deixa atrelados os sujeitos da obrigação, não há que se cogitar de tributo. Seria até um desafio mental interessante tentar imaginar caso de incidência específica da regra-padrão, numa hipótese individualizada, sem a expedição de ato de aplicação. Eis uma tarefa impossível! E esse ato aplicativo, será, inexoravelmente, um seguimento de linguagem que tanto pode ser produzido pela entidade tributante como pelo próprio sujeito passivo, nos casos em que a lei assim determinar" (*Fundamentos jurídicos da incidência tributária*, p. 228).

3. "[...] o negócio jurídico [...] é concebido como um ato de autonomia privada [manifestação de vontade], a que o direito liga o nascimento, a modificação ou a extinção de relações jurídicas entre particulares. Estes efeitos jurídicos produzem-se na medida em que são previstos por normas que, tomando por pressuposto de fato o ato de autonomia privada, os ligam a ele como sendo a fattispecie necessária e suficiente" (BETTI, Emilio. *Teoria geral do negócio jurídico*, p. 81-82).

4. Embora não mude os rumos da investigação, vale destacar que muitos autores colocam o negócio jurídico como uma espécie do ato jurídico em sentido amplo, que por sua vez seria espécie do fato em sentido amplo. De modo que o negócio jurídico seria uma subespécie do fato jurídico em sentido amplo. Cremos, no entanto, que essa subclassificação em ato jurídico em sentido estrito e negócio jurídico, a bem da verdade, gera muita controvérsia, pois embora ela se apresente de forma intuitiva no manuseio dos elementos jurídicos que compõem cada subclasse, falta-lhe um critério seguro o bastante para promover a distinção.

5. "Fatos jurídicos *stricto sensu* são os fatos que entram no mundo jurídico, sem que haja, na composição deles, ato humano, ainda que, antes da entrada deles no mundo jurídico, o tenha havido; e.g., nascimento, morte, idade; adjunção, mistura, confusão, produção de frutos, aluvião, aparição de ilha" (MIRANDA, Pontes de. *Tratado de direito privado* – Tomo II, p. 225) "Os fatos jurídicos oriundos de acontecimentos naturais, *sem* ato ou vontade do homem, chamam-se fatos jurídicos *stricto sensu*". (VELOSO, Zeno. *Invalidade do negócio jurídico, nulidade a anulabilidade*, p. 5). Nesse mesmo sentido: "todo fato jurídico em que, na composição do seu suporte fáctico, entram apenas fatos da natureza, independentes de ato humano como dado essencial, *denomina-se* fato jurídico *stricto sensu*" (MELO, Marcos Bernardes de. *Teoria do fato jurídico, plano da existência*, p. 185).

NEGÓCIO JURÍDICO NO DIREITO TRIBUTÁRIO
ENSAIO SOBRE UMA TEORIA DA SIMULAÇÃO

1.1 A ação performativa na teoria dos atos de fala

A teoria dos atos de fala teve início nas conferências proferidas pelo filósofo da linguagem JOHN AUSTIN na série *William James Lectures* de Harvard. AUSTIN objetivou demonstrar que as palavras não só descrevem coisas como também realizam ações. Dando por exemplo expressões como "aposto cem reais que vai chover amanhã", utilizada para realizar uma aposta, e "batizo esse navio com o nome de Rainha Elizabeth", para batizar um navio, ele propôs separarmos os enunciados constatativos dos performativos.[6] Os primeiros, usados para relatar uma ocorrência, e os segundos, para realizar uma ação.

Assim, ao proferir um enunciado do tipo "o gato está sobre o tapete", descrevo um fenômeno de que um animal, conhecido por gato, está em cima de um objeto, conhecido por tapete. Por outro lado, ao proferir: "peço desculpas", não estou descrevendo nenhum fenômeno, apenas realizando a ação de pedir desculpas. No primeiro caso, estamos diante de um proferimento constatativo, no segundo, de um proferimento performativo.

Nessa classificação, os proferimentos constatativos seriam aqueles em que as palavras são usadas para dizer algo, ao passo que nos proferimentos performativos elas se destinariam a fazer algo, a realizar uma *ação performativa* – batizar um navio, realizar uma aposta, pedir desculpas e etc.

Uma das consequências dessa distinção é que os proferimentos constatativos sujeitar-se-iam aos valores verdade-falsidade,[7] enquanto que os proferimentos performativos

---

6. "Batizar um navio é dizer (nas circunstâncias apropriadas) as palavras 'Batizo, etc.'. Quando digo, diante do juiz ou no altar, etc., 'Aceito', não estou relatando um casamento, estou me casando.
Que nome daríamos a uma sentença ou a um proferimento deste tipo?? Proponho denominá-la sentença performativa ou proferimento performativo, ou, de forma abreviada, 'um performativo'" (AUSTIN, John L. *Quando dizer é fazer*, p. 25).

7. Nem todas as declarações verdadeiras ou falsas são descrições, razão pela qual prefiro usar a palavra "constatativa". (AUSTIN, John L. *Quando dizer é fazer*, p. 23).

estariam sujeitos aos valores feliz/infeliz (bem-sucedido/malsucedido).

Na proposta de AUSTIN, a felicidade ou infelicidade do enunciado performativo, dependem do cumprimento de certos requisitos, chamados de "condições de felicidade". Elas estão relacionadas, grosso modo, à (i) adequação da (i.1) autoridade e do (i.2) procedimento executado no ato de proferir o enunciado e (ii) à sinceridade do agente enunciativo. E o não atendimento dessas condições de felicidade implica consequências distintas. Inadequação de procedimento e autoridade impedem a realização do ato, ele não se concretiza; a insinceridade não o impede, o ato é realizado, mas não obtém sucesso como ato performativo, é infeliz.[8]

Se dessas condições de sucesso do proferimento performativo AUSTIN não ofereceu nenhum recuo ao longo de sua obra, o mesmo não se pode afirmar sobre suas observações iniciais acerca da classificação: enunciados performativos e constatativos. Isso porque, na sequência de suas análises, ele conclui que o agir mediante palavras não é uma particularidade apenas dos proferimentos performativos; também a têm os proferimentos constatativos. Com isso elabora uma teoria que

---

8. "A primeira grande distinção reside na opinião entre o conjunto das quatro regas A e B [regras de autoridade e procedimento] e as duas regras Γ [regras de intenção] (A.1). Daí o uso de letras latinas em oposição à letra grega. Se violamos uma das regras de tipo A ou B – isto é, se proferimos a fórmula incorretamente, ou se as pessoas não estão em posição de realizar o ato seja porque, por exemplo, já são casadas, seja porque foi o comissário e não o capitão do navio quem realizou o casamento, então o ato em questão não se realiza com êxito, o casamento não se efetua, não se concretiza. Nos dois casos, ao contrário, o ato é concretizado, embora realizá-lo em tais circunstâncias, digamos, quando, por exemplo, somos insinceros, seja um desrespeito ao procedimento. Isto se passa quando digo 'prometo' sem ter a intenção de cumprir o prometido, prometi mas [...]. Precisamos de nomes para nos referirmos a esta distinção geral, por isso chamaremos desacertos os atos malogrados do tipo A.1-B.2, em que não se consegue levar a cabo o ato para cuja realização, ou em cuja realização, é indispensável a forma verbal correspondente. Por outro alado chamaremos de abusos aqueles atos malogrados (de tipo Γ) em que a ação é concretizada (obviamente então se devem enfatizar as conotações usuais destes termos)" (AUSTIN, J.L. *Quando dizer é fazer*, p. 31-32). E ainda: "O último caso é dos tipos Γ.1 e Γ.2, isto é, insinceridades e infrações, e casos de não cumprimento. Dizemos então o ato não é nulo, embora seja infeliz" (Idem (AUSTIN, J.L. *Quando dizer é fazer*, p. 47).

diz ser mais geral,[9] propondo haver em toda a linguagem uma unidade básica de significação – o ato de fala – constituída por três dimensões: ato locucionário, ato ilocucionário e ato perlocucionário.[10]

O ato locucionário é o ato de dizer algo,[11] de promover o arranjo gramatical dos termos dotados de sentido e referência. E ao dizer algo se faz algo,[12] realiza-se um ato ilocucionário, uma ação performativa, tal como: perguntar; prometer; determinar; expressar um veredito e etc. Esse fazer, ao dizer, provoca no ouvinte alguns efeitos, definidos como o ato perlocucionário.[13]

Então, ao dizer "o touro está por atacar", realiza-se um ato de fala que na sua dimensão locucionária encerra uma descrição do estado de espírito do touro; na sua dimensão ilocucionária, adverte o ouvinte do iminente ataque do touro e, na sua dimensão perlocucionária, persuade o ouvinte a se

---

9. "A doutrina da distinção performativo/constatativo está para a doutrina dos atos locucionários e ilocucionários dentro do ato de fala total como a teoria especial está para a teoria geral" (AUSTIN, John L. *Quando dizer é fazer*, p. 121).

10. Essa é a análise de Danilo Marcondes (*Desenvolvimentos recentes na teoria dos atos de fala*. O que nos faz pensar, p. 25-29).

11. "A esse ato de 'dizer algo' nesta acepção normal e completa chamo de realização de um ato locucionário..." (AUSTIN, J. L. *Quando dizer é fazer*, p. 85).

12. "Podemos dizer que realizar um ato locucionário é, em geral, *eo ipso*, realizar um ato ilocucionário, como me proponho denominá-lo. Para determinar que este ato ilocucionário é realizado dessa forma temos que determinar de que maneira estamos usando a locução, ou seja:
– perguntando ou respondendo a uma pergunta,
– dando alguma informação, ou garantia ou advertência,
– anunciando um veredito ou uma intenção,
– pronunciando uma sentença,
– marcando um compromisso, fazendo um apelo ou uma crítica,
– fazendo uma identificação ou descrição." (AUSTIN, J. L. *Quando dizer é fazer*, p. 88)

13. "Dizer algo frequentemente, ou até normalmente, produzirá certos efeitos ou consequências sobre os sentimentos, pensamentos, ou ações dos ouvintes, ou de quem está falando, ou de outras pessoas. E isso pode ser feito com o propósito, intenção ou objetivo de produzir tais efeitos [...] Chamaremos a realização de um ato deste tipo de realização de um ato perlocucionário ou perlocução" (AUSTIN, J. L. *Quando dizer é fazer*, p. 89).

distanciar do touro. Que fique claro: o ato de fala é um só, o que Austin classifica são as dimensões que esse ato manifesta. E a distinção que nos será útil é a existente entre as dimensões locucionário e ilocucionário, ou simplesmente, a distinção entre o dizer e o fazer algo com a linguagem.

Ainda sobre a teoria de Austin, é de se registrar que após suas incursões sobre as dimensões locucionária, ilocucionária e perlocucionária do ato de fala, se especulou sobre o abandono da classificação performativo-constatativo,[14] na medida em que, ao enunciar um proferimento qualquer, sempre estaríamos dizendo algo (ato locucionário), fazendo algo (ato ilocucionário) e produzindo certos efeitos (ato perlocucionário). O que faria imprópria a distinção entre proferimentos que dizem algo e proferimentos que fazem algo, porque um proferimento sempre diz e faz algo ao mesmo tempo.

Não nos parece que tenha sido assim,[15] pois muito embora Austin questione se a distinção performativo-constatativo deveria subsistir,[16] na sua penúltima conferência, ele insiste na classificação, desde que tomada como uma questão de "predominância" da dimensão locucionária ou ilocucionária no ato de fala, de forma que nos enunciados constatativos predomina o interesse pelo ato locucionário (dizer algo), e nos performativos predomina o interesse pelo ato ilocucionário (fazer algo).[17]

---

14. John Searle chega a afirmar que Austin teria dado conta da falência dessa distinção [*Expressão e significado, estudos da teoria dos atos da fala*, p. 27].

15. É o que defende Carlos Ferreira de Almeida: "de facto, há mais razões para preservar do que para abandonar a ideia de performatividade, à qual Austin não chegou nunca a renunciar" (*Texto e enunciado na teoria do negócio jurídico*, p. 125).

16. "Se geralmente estamos fazendo ambas as coisas de uma vez [dizer e fazer], como pode subsistir a nossa distinção?" (AUSTIN, J. L. *Quando dizer é fazer*, p. 111).

17. "Que resta, então, da distinção entre o proferimento performativo e o constatativo? Na verdade, podemos dizer que o que tínhamos em mente era isto:
(a) No caso do proferimento constatativo, nos abstraímos dos aspectos ilocucionários (e de seus aspectos perlocucionários, também) do ato de fala, e nos concentramos no aspecto locucionário: além do mais, usamos uma noção supersimplificada de correspondência com os fatos – supersimplificada porque ela essencialmente

E esse predomínio da dimensão do dizer (locucionária) ou da dimensão do fazer (ilocucionária) no ato de fala, capaz de classificar um proferimento em constatativo ou performativo, não carece de grandes técnicas para ser apreendido, em geral, ele se apresenta de imediato. Veja-se:

> **Teodoro**: Filomena, há muito que te amo, case-se comigo!
>
> **Filomena**: Mãe, ele *disse* que me amava, e me *fez* um pedido de casamento!

O exemplo acima serve para demonstrar que mesmo não havendo proferimentos constatativos e performativos puros, não se pode negar que existem casos em que um proferimento é muito mais performativo que constatativo e vice-versa.

Isso tudo nos encoraja a usar, neste trabalho, a essência da teoria dos atos de fala, que sustenta a possibilidade de se fazer algo por meio da linguagem, ou simplesmente, a possibilidade de se realizar ações performativas por meio dos enunciados performativos.

1.2 A ação performativa e a forma dos enunciados

Na aproximação da teoria dos atos de fala com a teoria do direito, um ponto de atenção surge de imediato: a teoria dos atos de fala é desenvolvida, em boa parte, sobre o modelo de proferimentos verbais, enquanto a teoria do direito, sob as premissas que adotamos,[18] requer um mínimo de

---

absorve o aspecto ilocucionário. Almejamos alcançar um ideal do que seria acertado dizer em todas as circunstâncias, para quaisquer propósitos, para qualquer tipo do ouvinte etc. Talvez isto seja algumas vezes realizado.
(b) No caso do proferimento performativo, damos o máximo de atenção à força ilocucionária do proferimento, e nos abstraímos da dimensão da correspondência com os fatos" (AUSTIN, J. L. *Quando dizer é fazer*, p. 119-120).

18. "Neste contexto, penso que nos dias atuais seja temerário tratar do jurídico sem atinar a seu meio exclusivo de manifestação: a linguagem. Não toda e qualquer linguagem, mas a verbal-escrita, em que se estabilizam as condutas intersubjetivas,

formalização da linguagem, um suporte material que possa estabilizar a fluidez da oralidade.

Não que isso chegue a ser um problema, vários são os textos jurídicos que tiveram por suporte a teoria dos atos de fala.[19] O uso da teoria apenas nos impõe algumas observações.

Uma delas é que os atos de falas presentes em enunciados orais se distinguem dos atos de falas presentes em enunciados escritos; os primeiros pertencem à classe dos eventos, e os segundos, à classe dos fatos.

E essa separação é muito cara ao direito, em especial ao direito tributário, que há tempos insiste na dicotomia "evento-fato" para explicar com maior zelo a fenomenologia da incidência.[20]

Mas, afinal, a que se reportam os termos "evento" e "fato"?

---

ganhando objetividade no universo do discurso". (CARVALHO, Paulo de Barros. *Direito tributário, linguagem e método*, p. 162.)

19. Citemos apenas alguns: Carlos Ferreira de Almeida (*Texto e enunciado na teoria do negócio jurídico*); Gregorio Robles (*O direito como texto*: quatro estudos da teoria comunicacional do direito) e Tárek Moysés Moussallem (*Revogação em matéria tributária*).

20. "Com efeito, se as mutações que se derem entre os objetos da experiência vierem a ser contadas em linguagem social, teremos os fatos, no seu sentido mais largo e abrangente. Aquelas mutações, além de meros 'eventos', assumem a condição de 'fatos'. Da mesma forma, *para o ponto de vista do direito*, os fatos da chamada realidade social serão simples eventos, enquanto não forem constituídos em linguagem jurídica própria. Pensemos num exemplo singelo: nasce uma criança. Isto é um evento. Os pais, entretanto, contam aos vizinhos, relatam os pormenores aos amigos e escrevem aos parentes de fora para dar-lhes a notícia. Aquele vento, por força dessas manifestações de linguagem, adquiriu também as proporções de um fato, num de seus aspectos, *fato social*. Mas não houve o fato jurídico correspondente. A ordem jurídica, até agora ao menos, não registrou o aparecimento de uma nova pessoa, centro de imputação de direitos e de deveres. A constituição jurídica desse fato vai ocorrer quando os pais ou responsáveis comparecerem ao cartório de registro civil e prestarem declarações. O oficial do cartório expedirá norma jurídica, em que o antecedente é o fato jurídico do nascimento, na conformidade das declarações prestada, e o consequente é a prescrição de relações jurídica em que o recém-nascido aparece como titular dos direitos subjetivos fundamentais (ao nome, à integridade física, à liberdade e etc.), oponíveis a todos os demais da sociedade" (*Fundamentos jurídicos da incidência*, p. 98).

Evento é o que se foi. A ocorrência fenomênica que, tomando um lugar no espaço, se esvai no tempo;[21] sua natureza efêmera não o faz irrelevante ao conhecimento, aliás, é ele que, despertando nossos estímulos sensoriais, impulsiona o processo cognitivo.[22] E o que fica do evento, quando fica, é o fato; o "elemento linguístico capaz de organizar uma situação existencial como realidade",[23] aquilo que estabiliza a fluidez do evento. Vários são os eventos que ignoramos porque não foram transformados em linguagem. Ao enunciar que o "trem passou às 10 horas", comunico aquilo que apreendi do evento passagem do trem. Se ele passou a uma velocidade de 30 km/h ou 45 km/h, meu interlocutor nada pode dizer, pois meu relato não lhe permitiu tomar consciência dessa parte do evento. Em outras palavras: a velocidade do trem é algo que se perdeu, pois a seu respeito nada podemos conhecer.

Agora, evento não é só o trem que passa, é também o trem que fica, pois, os objetos da experiência[24] acerca do que enunciamos, constituindo o fato, também são eventos. Na definição propagada por JOÃO MAURÍCIO ADEODATO são os eventos-objeto.[25] Ressalva o autor, entretanto, que o evento propriamente dito, assim considerado aquele acontecimento único e irrepetível, pertence a cada fração de segundo em que surpreendo um objeto do mundo das experiências, capaz de

---

21. ADEODATO, João Maurício. *Uma teoria retórica da norma jurídica e do direito subjetivo*, p. 137.

22. "[...] a apreensão intuitiva é a base do conceito, a origem do conhecimento, no entanto, a apreensão só alcança a ordem de conhecimento científico quando é elaborada pela forma conceptual" (VILANOVA, Lourival. *Sobre o conceito de direito, in Escritos jurídicos e filosóficos*, p. 6).

23. FERRAZ Jr., Tercio Sampaio. *Introdução ao estudo do direito, técnica, decisão e dominação*, p. 278.

24. Jürgen Habermas define os "objetos da experiência" como aquilo acerca do que fazemos afirmações (*Teoría de la acción comunicativa: complementos y estudios previos*, p. 117).

25. "Os objetos, como a pintura e a cadeira, são eventos, são os eventos-objeto, o 'espírito objetivado' de Nicolai Hartmann..." (ADEODATO, João Maurício. *Uma teoria retórica da norma jurídica e do direito subjetivo*, p. 135).

separar o presente do passado.²⁶⁻²⁷ Pois, como diz Tercio Sampaio Ferraz, "somos em cada momento do tempo cronológico, um único e irrepetível acontecer".²⁸

Registre-se ainda que o evento não se restringe às ocorrências fenomênicas naturais; vai muito além, abrange toda a espécie de fenômenos, inclusive os sociais, pois "o ato de comunicar-se é um evento".²⁹⁻³⁰

Imaginemos uma cerimônia de casamento celebrada por Pio, um pastor que também é juiz de paz. Nessa cerimônia, entre outras palavras, Pio enunciou as constantes do art. 1.535 do Código Civil – CC, onde lemos: "de acordo com a vontade que ambos acabais de afirmar perante mim, de vos receberdes por marido e mulher, eu, em nome da lei, vos declaro casados". Temos, nesse caso, um enunciado performativo que realiza a ação de casar. Mas essa ação e esse enunciado pertencem à classe dos eventos. Somente após lançadas nos livros de casamento é que a declaração ingressa na classe dos fatos. Fato religioso se lançada no livro religioso, e fato jurídico se lançada no livro civil, nos termos do procedimento previsto no art. 1.536 do CC.³¹ Fatos distintos para formas distintas.

---

26. ADEODATO, João Maurício. *Uma teoria retórica da norma jurídica e do direito subjetivo*, p. 137.

27. Ao falar sobre o ato de perceber, Lúcia Santaella reforça a fugacidade do evento: "perceber é estar diante de algo, no ato de estar, enquanto acontece" (*A percepção, uma teoria semiótica*, p.19).

28. FERRAZ Jr. Tercio Sampaio. *O direito, entre o futuro e o passado*, p. 15.

29. ADEODATO, João Maurício. *Uma Teoria Retórica da Norma Jurídica e do Direito Subjetivo*, p. 137.

30. O evento é ato comunicacional no sentido mais elaborado, ou seja, como apreensão e compreensão dos ruídos sonoros. Não há comunicação entre um chinês e português. Ao menos pelo idioma natural de cada um. Existem ruídos. A apreensão desses ruídos e compreensão depende da língua.

31. Art. 1.536. Do casamento, logo depois de celebrado, lavrar-se-á o assento no livro de registro. No assento, assinado pelo presidente do ato, pelos cônjuges, as testemunhas, e o oficial do registro, serão exarados:
I – os prenomes, sobrenomes, datas de nascimento, profissão, domicílio e residência atual dos cônjuges;
II – os prenomes, sobrenomes, datas de nascimento ou de morte, domicílio e resi-

NEGÓCIO JURÍDICO NO DIREITO TRIBUTÁRIO
ENSAIO SOBRE UMA TEORIA DA SIMULAÇÃO

De modo semelhante, Tercio Sampaio Ferraz observa:[32]

> Assim, realizar um acordo de vontade entre dois comerciantes tendo em vista a aquisição de um bem é situação que pertence ao mundo da ação de modo geral. Mas o instrumento escrito que daí resulta não é fluido do mesmo modo que a ação. O instrumento já é algo, cuja estabilidade temporal é diferente da irrepetibilidade da ação: Assim é, por exemplo, a escrita em relação à fala, o documento escrito em relação ao agir que o produziu, a pauta musical em relação ao ato de compor.

Destarte, os enunciados performativos proferidos oralmente, sem qualquer modo de registro, e as ações por eles realizadas, pertencem à classe dos eventos, e os enunciados performativos proferidos em linguagem escrita, e as ações por eles realizadas, pertencem ao mundo dos fatos. Insistimos: fatos sociais ou fatos jurídicos, a depender do modo como enunciado foi formalizado, se por procedimento juridicamente adequado ou não.

Seguindo nessa toada, chegamos ao seguinte: os enunciados performativos jurídicos e as respectivas ações têm por suporte a linguagem formal-jurídica, *v.g.*, a Nota Promissória que atenda aos requisitos do art. 54[33] do Decreto nº 2.044/1908.

---

dência atual dos pais;
III – o prenome e sobrenome do cônjuge precedente e a data da dissolução do casamento anterior;
IV – a data da publicação dos proclamas e da celebração do casamento;
V – a relação dos documentos apresentados ao oficial do registro;
VI – o prenome, sobrenome, profissão, domicílio e residência atual das testemunhas;
VII – o regime do casamento, com a declaração da data e do cartório em cujas notas foi lavrada a escritura antenupcial, quando o regime não for o da comunhão parcial, ou o obrigatoriamente estabelecido

32. *O direito, entre o futuro e o passado*....p. 17.

33. Art. 54. A nota promissória é uma promessa de pagamento e deve conter estes requisitos essenciais, lançados, por extenso no contexto:
I. a denominação de "Nota Promissória" ou termo correspondente, na língua em que for emitida;
II. a soma de dinheiro a pagar;
III. o nome da pessoa a quem deve ser paga;
IV. a assinatura do próprio punho da emitente ou do mandatário especial.

Podem, no entanto, os enunciados performativos e as respectivas ações, realizados em linguagem não jurídica, ingressarem no direito em momento posterior por meio de relatos constantes de enunciados jurídicos, como a declaração do pastor que ingressa no direito quando relatada no livro civil.

Por ora, o que importa diferenciar é: a ação performativa realizada pelos enunciados jurídicos se concretiza já no mundo jurídico, enquanto que a ação performativa realizada por enunciados não jurídicos se concretiza em outro sistema, e somente toma lugar no sistema jurídico na condição de objeto do relato realizado em linguagem formal-jurídica. Logo, voltaremos a esse ponto.

1.3 A ação performativa nos conjuntos enunciativos (enunciação enunciada e enunciado enunciado)

O enunciado é produto do processo de enunciação, e enunciação é o conjunto de atos destinados a produzir enunciados.[34] Há, portanto, entre enunciação e enunciado, uma relação do tipo processo-produto, e nessa relação o produto encobre o processo. Daí dizer que a enunciação – que pertence à classe dos eventos – não surge ao intérprete, senão por meio do enunciado. Sabemos da sua existência porque pressupomo-la a partir do enunciado.[35]

Essa pressuposição decorre não só da relação de implicação biunívoca que se dá entre enunciação e enunciado, mas, principalmente, porque o enunciado, ele mesmo, contém marcas que nos informam sobre a enunciação. São "as marcas da enunciação presentes no enunciado (que) permitem reconstituir o ato enunciativo".[36]

---

34. "O primeiro sentido de enunciação é o ato produtor do enunciado". FIORIN, José Luiz. *As astúcias da enunciação, as categorias de pessoa, espaço e tempo*, p. 31.

35. FIORIN, José Luiz. *As astúcias da enunciação, as categorias de pessoa, espaço e tempo*, p. 32.

36. FIORIN, José Luiz. *As astúcias da enunciação, as categorias de pessoa, espaço e*

Temos então, no enunciado, marcas que nos remetem à enunciação, e um conteúdo que não as contém. As marcas da enunciação, presentes no enunciado, que permitem reconstruir a enunciação, chamamos de "enunciação enunciada".[37] Enquanto que tudo aquilo que conste do enunciado, e não se refira à enunciação, é chamado de "enunciado enunciado".[38]

Ao lançar mão do seguinte exemplo:[39]

AVISO

Amanhã não haverá aula de História devido à grave doença a que está acometido o professor da cadeira.

Vitória, 19 de maio de 2004.

A Coordenação

Tárek Moussallem[40] explica melhor

> Na leitura do tipo exemplar visto, ocorrido ficticiamente em Vitória, a enunciação é o ato de produção do "aviso", ou seja, o evento de o produtor do texto ter tomado o giz ou pincel e ter colocado o aviso no quadro-negro. Esse ato de enunciação esvaiu-se no tempo e no espaço com todas as circunstâncias daquele momento (poderia estar chovendo ou não, estar nervoso ou não, com camisa ou sem camisa), que se deu em 19 de maio de 2004 na cidade de Vitória/ES.
>
> Ainda, no exemplo antes citado, o enunciado, ou melhor, os enunciados são as próprias orações bem-construídas de acordo com as regras da língua portuguesa, que vão desde a palavra "Aviso" até a palavra "Coordenação".

---

tempo, p. 32.

37. FIORIN, José Luiz, *As astúcias da Enunciação, as categorias de pessoa, espaço e tempo*, p. 36.

38. Ibidem.

39. MOUSSALEM, Tárek Moysés. *Revogação em matéria tributária*, p. 24.

40. MOUSSALEM, Tárek Moysés. Revogação em matéria tributária, p. 21.

A partir desse pressuposto, dois conjuntos de enunciados distintos saltam aos olhos: um que se volta à pessoa, ao espaço e ao tempo da produção do texto e outro que nada tem de ver com a produção dele.

Ao primeiro, a Semiótica denomina "enunciação-enunciada" e ao segundo "enunciado-enunciado"

Podemos tomar como exemplo ainda a lâmina de cheque, que ostenta como seu enunciado enunciado a expressão: "pague por este cheque a quantia de 'x' reais a fulano de tal ou à sua ordem", e como sua enunciação enunciada a identificação da "data" e "local" em que o cheque foi emitido, bem assim o "nome do emitente".

E, relacionando a teoria dos atos de fala com a teoria do discurso, podemos dizer que tanto o enunciado enunciado como a enunciação enunciada são atos de fala,[41-42] porque ostentam uma unidade sígnica capaz de realizar uma ação performativa.

Desse modo, podemos ter ações performativas realizadas tanto pela enunciação como pela enunciação enunciada e pelo enunciado enunciado.

1.4 Ação performativa nos enunciados negociais

1.4.1 Enunciação enunciada e a ação performativa de primeiro nível (ação deôntica)

---

41. John Searle considerou importante separar, no ato de fala, o ato de enunciação dos atos proposicionais e ilocucionais, ao ressaltar que na elaboração de uma frase o falan-te executa três tipos de actos distintos, a saber:
"enunciar palavras (morfemas, frases) = executar actos de enunciação
referir e predicar = executar actos proposicionais;
afirmar, perguntar, ordenar, prometer etc. = executar actos ilocucionais" (Os actos de fala. Um ensaio de filosofia da linguagem. p. 35).

42. Tárek Moysés Moussallem diz que a expressão "pode ser usada em três acepções: (i) enunciado; (ii) ação e (iii) o ato de produção de enunciados (enunciação)" (Revogação em matéria tributária, p. 68).

No manejo das palavras, construímos orações direcionadas a um determinado fim, seja ele informar, ordenar ou expressar um sentimento. Mas ainda que dotemos nossas construções de uma finalidade específica, elas carregam com si outros desideratos.[43] Não há enunciado que manifeste uma única finalidade comunicacional, ou melhor, uma única função linguística.[44]

Nem mesmo diante de versos paradoxais como "uso a palavra para compor meus silêncios", de MANOEL DE BARROS, a linguagem assume uma função exclusivamente poética. Há informação em tais passagens, em especial no que diz respeito ao entusiasmo do autor em explorar as regras semânticas.

Ninguém, no entanto, deixaria de classificar tais versos como pertencentes à linguagem poética. Entra em conta, aqui, a questão da função linguística predominante,[45] ou da dimensão do ato de fala predominante (locucionaria ou ilocucionária).[46]

Do mesmo modo, no texto do direito positivo, predomina a função prescritiva, pois qualquer enunciado que o integre está qualificado pela força de um "dever-ser". Assim, o enunciado "Ruy Barbosa de Oliveira nasceu em 5 de novembro de 1849", vertido na linguagem do direito positivo, corresponde a "deve ser" que "Ruy Barbosa de Oliveira nasceu em 5 de novembro de 1849".[47]

---

43. "Na seção precedente, os exemplos apresentados eram espécimes quimicamente puros, por assim dizer, das três espécies básicas de comunicação [se referindo às funções in-formativa, diretiva e expressiva da linguagem]. A tríplice divisão proposta é elucidativa e valiosa, mas não pode ser mecanicamente aplicada, porque quase toda a comunica-ção ordinária exemplificará, de um modo provável, em maio ou menor grau, os três usos da linguagem" (COPI, Irving M. Introdução à lógica, p. 50).

44. "Embora distingamos seis aspectos básicos da linguagem, dificilmente lograríamos, contudo, encontrar mensagens verbais que preenchessem uma única função. A diver-sidade reside não no monopólio de alguma dessas diversas funções, mas numa diferen-te ordem hierárquica de funções" (JAKOBSON, Roman. Linguística e Comunicação, p. 123).

45. V. item 1.1 sobre a classificação proferimentos performativos e constatativos.

46. V. nota 17.

47. "O dever-ser é o modal específico das proposições normativas, uma das subclasses sen-do as do direito" (VILANOVA, Lourival. As estruturas lógicas e o sistema do

Não importa a forma como o enunciado jurídico apareça, sua função, o "animus que move seu emitente"[48] será sempre prescritiva. Logo, ao nos depararmos com o seguinte trecho do preâmbulo de nossa Constituição: "A República Federativa do Brasil, formada pela união indissolúvel dos Estados e Municípios e do Distrito Federal, constitui-se em Estado Democrático de Direito", temos a nítida impressão que se trata de uma descrição, embora saibamos que, por estar postado em um texto jurídico, sua função é prescritiva, principalmente quando temos na retina o seguinte alerta de GREGORIO ROBLES:[49]

> Assim, quem afirma que no texto jurídico existem narrações, descrições e definições comete o mesmo erro de perspectiva que aqueles que acreditam que Dom Quixote e Sancho são personagens históricos. Para entender um elemento concreto de um texto não se pode perder de vista a função pragmática do conjunto. O "castigo" pelo erro de perspectiva é, simplesmente, não entender nada.

E o que é capaz de impingir esse 'dever ser' como functor implícito a todo o texto do direito positivo?

A resposta a essa pergunta passa pela seguinte premissa: são juridicamente válidos os enunciados proferidos por autoridade competente e procedimento adequado.[50] Ou seja, sendo o enunciado inserto validamente no sistema do direito positivo, no sistema do "dever-ser", sua função prescritiva lhe é inerente.

---

direito positivo, p. 69).

48. CARVALHO, Aurora Tomazini de. *Curso de teoria geral do direito*: o construtivismo lógico-semântico, p. 94.

49. ROBLES, Gregorio. *O direito como texto*: quatro estudos da teoria comunicacional do di-reito, p. 32.

50. V. item 5.1.

Por isso, podemos dizer: a enunciação enunciada, que informa acerca da autoridade competente e do procedimento adequado, é que impinge aos enunciados a condição de enunciados jurídicos, de enunciados que exercem a função de um "dever-ser".

A enunciação enunciada é que veicula a norma introdutora da norma de comportamento. Norma essa é que Tárek Moysés Moussallem[51] denomina de "veículo introdutor" no seguinte excerto:

> Pela leitura das orações que compõem a enunciação-enunciada construímos uma norma jurídica já denominada veículo introdutor, que é resultado a aplicação da norma sobre produção jurídica.
>
> Rememoremos que a norma sobre a produção jurídica descreve, em seu antecedente, um agente competente e o procedimento prescrito pelo ordenamento para a produção normativa e, em seu consequente, prescreve a *obrigação* de todos respeitarem as disposições inseridas, pelo próprio veículo introdutor, no sistema do direito positivo.
>
> Assim a norma denominada veículo introdutor é da espécie concreta e geral.
>
> Concreta, porque contém, no seu antecedente, um fato jurídico molecular (agente competente + procedimento, englobada a publicação) acontecido em determinado espaço e local, fruto da aplicação da norma sobre produção jurídica. Geral, porque, no seu consequente, estabelece uma relação jurídica que torna obrigatória a observação de seus dispositivos.

Seguindo esse raciocínio, podemos dizer que todo instrumento normativo veicula, no mínimo, duas normas: a "norma introdutora", destinada a introduzir uma norma de comportamento como sendo um "dever-ser", e a "norma introduzida", que é a própria norma de comportamento.

Destaque-se do trecho reproduzido, que a norma introdutora – veiculada pela enunciação enunciada – cumpre a

---

51. *Fontes do direito tributário*, p. 127-128.

função de relatar, no seu termo antecedente, a ocorrência da enunciação, e de determinar, no seu termo consequente, algo como um "dever-ser". Em outras palavras: seu termo antecedente cumpre uma função constatativa e seu termo consequente uma função performativa.

Daí afirmarmos que a enunciação enunciada faz algo, pois seu termo consequente realiza uma ação performativa do tipo deôntica: impõe que a regra "x" "deve ser" obedecida.[52]

E esse fazer é de primeiro nível, porque a imposição de regras de condutas é a função predominante da linguagem jurídica. No entanto, esse predomínio da função prescritiva não pode ser encarado como um monopólio,[53] já que outras funções aparecem na depuração dos enunciados jurídicos.

1.4.2 O enunciado enunciado negocial e a ação performativa de segundo nível (ação negocial)

À busca do conceito de negócio jurídico sempre encontramos definições que, de um modo ou de outro, flertam com

---

52. Austin tangencia o tema quando diz que: "no direito processual norte-americano, o re-lato do que se disse vale como prova, caso o que tenha sido dito seja um proferimento do tipo que chamamos de performativo, porque este é considerado um relato com força legal, não pelo que foi dito, o que resultaria em um testemunho de segunda mão – não admissível como prova – mas por ter sido algo realizado, uma ação" (Quando dizer é fa-zer. p. 30). John Searle também toca esse trilho quando atribuiu às instituições extra-linguísticas a capacidade de agir sobre a instituição linguística e dar às declarações a força que tem, vale conferir: "note-se que todos os exemplos que consideramos até ago-ra envolvem uma instituição extralinguística, um sistema de regras constitutivas que se acrescentam às regras constitutivas da linguagem, para que a declaração possa ser realizada com sucesso. O domínio, por parte do falante e do ouvinte, das regras que constituem a competência linguística não é, em geral, suficiente para a realização de uma declaração. Deve existir também uma instituição extralinguística, e tanto o falante como o ouvinte devem ocupar lugares especiais no interior dessa instituição. É apenas por haver instituições como a igreja, o direito, a propriedade privada, o estado – e posi-ções especiais do falante e do ouvinte no interior dessas instituições – que se pode ex-comungar, designar, doar, e legar bens, declarar guerra" [Expressão e significado, estu-dos da teoria dos atos da fala, p. 28].

53. V. nota 44.

o elemento da vontade como seu critério de categorização.[54] Mesmo os autores identificados com a teoria perceptiva (objetiva), vista como antagônica à teoria da vontade, e que defendem a ideia de que o negócio jurídico "constitui um comando concreto [uma declaração] ao qual ordenamento jurídico reconhece eficácia vinculante",[55] veem o elemento volitivo como algo intrínseco à declaração (preceito) que constitui o negócio jurídico. É o que BETTI, identificado com a teoria perceptiva, traz às claras quando diz: "a vontade, como fato psíquico interno, já se determinou primeiro: ela esgota-se, como se disse, com a declaração ou com o comportamento; e é por ela (ou por ele) absorvida".[56]

Na esteira dessas construções, o elemento volitivo passa a ser, ao mesmo tempo, associado ao negócio jurídico e dissociado do fato jurídico em sentido estrito. Põe-se como critério de classificação das espécies que integram o fato jurídico em sentido amplo.

Sendo o fato jurídico o recorte da realidade sobre o qual incide a norma jurídica, o negócio jurídico, como sua espécie,

---

54. "Negócio jurídico é toda declaração de vontade destinada à produção de efeitos jurídicos correspondentes ao intentio prático do declarante, se reconhecido e garantido pela lei" (GOMES, Orlando. Introdução ao direito civil, p. 280). "Podemos definir negócio jurídico como um facto voluntário lícito cujo núcleo essencial é constituído por uma ou várias declarações de vontade privada, tendo em vista a produção de certos efeitos práticos ou empíricos, predominantemente de natureza patrimonial (econômica), com ânimo de que tais efeitos sejam tutelados pelo direito – isto é obtenham a sanção de ordem jurídica – e a que a lei atribui efeitos jurídicos correspondentes..." (ANDRADE, Manuel Domingues de. Teoria geral da relação jurídica, vol. II, p. 25). Embora Antonio Junqueira de Azevedo critique a teoria da vontade, admite-a sobre outra perspectiva: "finalizando o capítulo, quer-nos parecer que uma concepção estrutural do negócio jurídico, sem repudiar in-teiramente as concepções voluntaristas, dela se afasta, porque não se trata mais de entender por negócio um ato de vontade do agente, mas sim um ato que socialmente é visto como ato de vontade destinado a produzir efeitos jurídicos. A perspectiva muda inteiramente, já que de psicológica passa a social" (Negócio jurídico, existência, validade e eficácia, p. 21).

55. AZEVEDO, Antônio Junqueira de. Negócio jurídico, existência, validade e eficácia, p. 21, comentamos.

56. Teoria geral do negócio jurídico, p. 99.

é o recorte dessa realidade que tem por objeto uma manifestação de vontade,[57-58] ao passo que a outra espécie, o fato jurídico em sentido estrito, tem por objeto qualquer coisa que não seja uma manifestação de vontade.[59]

O problema desse modo de categorizar o negócio jurídico, e ao mesmo tempo discerni-lo do fato jurídico é, a nosso ver, sua imprecisão, porque o fato jurídico em sentido estrito, por vezes, tem por objeto seu um ato de vontade. Isso ocorre com frequência nos fatos veiculados por linguagem de sobrenível, como é o caso da linguagem do direito tributário.[60] Por exemplo, é objeto do fato jurídico tributário do Imposto sobre Circulação de Mercadorias e Serviços (ICMS) o ato de vontade de compra e venda.

Importa, no entanto, colher da teoria tradicional, a ideia de que o negócio, diferentemente do fato, constitui-se de uma vontade que se concretiza e se realiza pela declaração o sujeito, como disse BETTI. Esse talvez seja um dos principais pontos de aproximação das teorias tradicionais do negócio jurídico com a teoria dos atos de fala.

Intersecção teórica que CARLOS FERREIRA DE ALMEIDA, do que se tem notícia, promoveu de modo pioneiro. Crítico da

---

57. "[...] o negócio jurídico [...] é concebido como um ato de autonomia privada [manifesta-ção de vontade], a que o direito liga o nascimento, a modificação ou a extinção de rela-ções jurídicas entre particulares. Estes efeitos jurídicos produzem-se na medida em que são previstos por normas que, tomando por pressuposto de fato o ato de autonomia pri-vada, os ligam a ele como sendo a fattispecie necessária e suficiente" (BETTI, Emilio. Teoria geral do negócio jurídico, p. 81-82).

58. Embora não mude os rumos da investigação, vale destacar que muitos autores colocam o negócio jurídico como uma espécie do ato jurídico em sentido amplo, que por sua vez seria espécie do fato em sentido amplo. De modo que o negócio jurídico seria uma su-bespécie do fato jurídico em sentido amplo. Cremos, no entanto, que essa subclassifica-ção em ato jurídico em sentido estrito e negócio jurídico, a bem da verdade, gera muita controvérsia, pois embora ela se apresente de forma intuitiva no manuseio dos elemen-tos jurídicos que compõem cada subclasse, falta-lhe um critério seguro o bastante para promover a distinção.

59. V. nota 5.

60. V. item 3.2.

teoria do negócio jurídico como "manifestação de vontade",[61] o autor português[62] sustenta que:

> O *negócio jurídico é um acto performativo*, isto é, um acto de linguagem que tem efeitos (jurídicos) conformes ao seu significado. O negócio jurídico é um acto de linguagem, cuja eficácia, pela simples enunciação, ultrapassa o sucesso linguístico, para se projectar em efeitos de natureza extralinguística que, no caso, são efeitos de natureza jurídica.

Esse ato de linguagem a que se refere Carlos Ferreira de Almeida é o que consideramos ser a ação performativa de segundo nível realizada pelo enunciado enunciado negocial, ou simplesmente, a ação negocial. É essa ação performativa, vista pela doutrina tradicional como "manifestação de vontade", o traço que caracteriza o negócio jurídico e distingue-o do fato jurídico em sentido estrito. Saquemos alguns exemplos para fazer isso mais evidente:

---

61. "A vontade surge frequentemente adjectivada ('vontade real', 'vontade declarada') ou integrada em expressões como 'manifestação de vontade', 'falta e vícios da vontade', 'vontade que as partes teriam tido [...]', sendo, por isso, natural que se ponha a dúvida sobre se é unívoco o sentido em que a palavra vontade é usada e mesmo se, por detrás dessa aparência repetitiva, o referente dos vocábulos ou expressões não possa ser efeti-vamente um outro ou outros que não confirmem, no regime jurídico, uma concepção em que a vontade seja, de facto, um elemento essencial do negócio jurídico. As anteriores considerações sobre a insubsistência e incoerência dos diferentes significados atribuí-dos à vontade servem de estímulo bastante para reanalisar aqueles preceitos à luz de outras hipóteses explicativa em que se prescinda da vontade como fulcro de eficácia e de ineficácia negocias ou em que se esbata o seu papel" (ALMEIDA, Carlos Ferreira de. *Texto e enunciado na teoria do negócio jurídico*, p. 97-98).

62. ALMEIDA, Carlos Ferreira de. *Texto e enunciado na teoria do negócio jurídico*, p. 235.

(1)

CERTIDÃO DE NASCIMENTO

Cartório de Registro Civil

CERTIDÃO DE NASCIMENTO

N° 1.980   Fls. 002

CERTIFICO que no livro n°002, de registro de nascimentos, foi feito o assento de Ruy Barbosa de Oliveira, nascido no dia 5 de novembro de 1849 às 6 horas e 30 minutos, em Salvador, do sexo masculino filho de João José Barbosa de Oliveira e de Maria Adélia Barbosa de Almeida.

Seus avós paternos Rodrigo Antonio Barbosa de Oliveira e Maria Soares Simas e maternos Caetano Vicente de Almeida e Luiza Clara Joaquina Barbosa de Oliveira

O referido é verdade e dou fé.

Hermes da Fonseca

O ESCRIVÃO

(2)

NOTA PROMISSÓRIA

Nº 001/99   Vencimento 15 de 12 de 1999.

Valor: R$ 1.000,00

Aos quinze dias do mês de dezembro de mil novecentos e noventa e nove vou pagar por esta única via de *Nota Promissória* a Zé Carioca Entretenimento LTDA, CNPJ nº 17.171.171/0001-71, ou a sua ordem a quantia de MIL REAIS em moeda corrente deste país.

Pagável em Rio de Janeiro

Emitente: WALT DISNEY DO BRASIL S/A, CNPJ 01.111.111.0001-11, Av. Copacabana, 001.

Rio de Janeiro, 01 de janeiro de 1999.

Em (1), temos uma certidão de nascimento que promove claramente uma descrição: o nascimento de Ruy Barbosa de Oliveira, enquanto que na imagem (2) temos uma nota promissória que não relata nenhuma ocorrência. Ela realiza uma promessa; em seu enunciado enunciado, predomina a função performativa.[63]

Aí está a diferença básica entre o fato jurídico em sentido estrito e o negócio jurídico: enquanto que no enunciado enunciado fático predomina a função de relatar algo, no enunciado enunciado negocial predomina a função de realizar uma ação performativa do tipo negocial, *v.g.*, "fazer" uma promessa. Um volta-se ao passado, o outro ao futuro.

Focamos no conjunto enunciativo do enunciado enunciado, para estabelecer a diferença entre o enunciado fático e o enunciado negocial, porque, em termos funcionais, a enunciação enunciada fática e negocial não se altera. Cumpre ela a função de impor um "dever-ser", ora ao relato, ora à ação negocial.

De outro giro, interessante notar que no enunciado negocial encontramos uma dupla função performativa. Ilustrando a partir do exemplo anterior, temos o seguinte:

Deve ser que eu, Walt Disney, **prometo** pagar mil reais a Zé Carioca.

↓ ↓

Ação performativa Ação performativa
de 1º nível de 2º nível

(Ação deôntica) (Ação negocial)

---

63. V. nota 17.

De forma semelhante, advoga CARLOS FERREIRA DE ALMEIDA:[64]

> Sem trair a construção que lhe deu origem, poder-se-á afirmar que um acto é performativo; num **primeiro sentido, como enunciação performativa; num segundo sentido** (e será esta uma última generalização da noção primitiva), **como acto no qual se insira um enunciado performativo**.
>
> O negócio jurídico é acto performativo neste segundo sentido, porque, sendo uma realidade mais complexa do que a enunciação performativa, não existe sem que na sua formação se contenha ao menos um enunciado performativo, cuja composição (explícita ou implícita) inclua alguma forma verbal do tipo "prometo...", "constituo...", "proponho...". (Destaques nossos)

Retenhamos então que o enunciado enunciado negocial realiza uma ação performativa de segundo nível, que convencionamos chamar por "ação negocial".

1.4.2.1 A analogia entre ações negociais

Mesmo que a função performativa comissiva[65] ou declarativa seja flagrantemente predominante nos enunciados enunciados negociais, há que se reconhecer que a *práxis* jurídica outorga a tal conjunto enunciativo uma capacidade de representação, própria das analogias.[66]

Isso se dá, porque embora o enunciado enunciado negocial realiza uma ação negocial voltada ao futuro, ele conserva uma função representativa de uma manifestação de vontade passada, pois um dos modos de representar é a representação por semelhança.

---

64. ALMEIDA, Carlos Ferreira de. *Texto e enunciado na teoria do negócio jurídico*, p. 138, grifamos.

65. Austin chama de "comissivos" os atos performativos que se caracterizam por realizar uma promessa (*Quando dizer é fazer*, p. 123).

66. No seu sentido de "extensão *provável* do conhecimento mediante o uso de semelhanças genéricas que se podem aduzir entre situações diversas" (ABBAGNANO, Nicola. *Dicionário de filosofia*, p. 58).

Mas, nesse caso, o enunciado enunciado negocial não assume a função de "relatar" uma manifestação de vontade passada. Sustentamos algo diferente: ocorre aí uma associação, pela semelhança, entre o negócio realizado pela manifestação voltada ao futuro, e outro negócio realizado por uma manifestação passada. São dois negócios, analogicamente conectados.

Há, contudo, um aspecto a ser considerado em analogias dessa ordem, bem explicitado por Lucia Santaella:[67] "o único critério para se decidir se uma qualidade assemelha-se a outra é a sincera asserção que alguém nos dá de que isso é assim". Ou seja, capacidade de um enunciado enunciado negocial representar um outro negócio jurídico é estabelecida não por quem emite o enunciado, como se dá no enunciado enunciado fático, mas pelo intérprete que promove uma associação por semelhança.

Exatamente essa associação por semelhança que permite ao oficial de registro, nos termos do art. 1.515 do CC,[68] registrar a ação religiosa de se casar como sendo também uma ação civil de se casar.

A problemática maior acerca das associações por semelhança entre textos jurídicos e textos não jurídicos, envolvem, no entanto, situações diversas da retratada no art. 1.515 do CC, e a principal delas, o defeito negocial da simulação, merecerá um tópico próprio.

1.5 Negócio jurídico como ação negocial formal-jurídica

Até aqui separamos os enunciados fáticos dos enunciados negociais a partir da característica performativa desses últimos, que têm por função realizar ações performativas, que convencionamos chamar de "ações negociais".

---

67. SANTAELA, Lúcia. *A percepção, uma teoria semiótica*, p. 118.

68. Art. 1.515. O casamento religioso, que atender às exigências da lei para a validade do casamento civil, equipara-se a este, desde que registrado no registro próprio, produzindo efeitos a partir da data de sua celebração.

Não explicitamos, porém, ao transitar pelas categorias do enunciado negocial e da ação negocial, qual delas representa o negócio jurídico. E gostaríamos de deixar isso claro: o negócio jurídico é a ação negocial realizada pelas partes. Os enunciados negociais são os veículos por meio de que essas se realizam, mas as ações em si – o "prometer", o "declarar" – é que identificamos como sendo o negócio jurídico.[69]

Evidentemente que nem todas as ações negociais podem ser consideradas como negócio jurídico, mas tão somente aquelas realizadas por enunciados formais-jurídicos. "Formais" porque, pertencendo à classe universal dos fatos,[70] os negócios requerem uma linguagem capaz de fixá-lo textualmente, o que afasta do conceito de negócio jurídico as ações negociais realizadas no plano dos eventos. "Jurídico" porque toda ação jurídica somente pode ser realizada por enunciados jurídicos.

Consideramos que as ações negociais realizadas por outros tipos de enunciados são importantes ao direito, e podem inclusive produzir efeitos de ordem jurídica. Mas, a partir das premissas compartilhadas, essas ações negociais não podem ser admitidas na categoria dos negócios jurídicos.

A ação negocial realizada no plano dos eventos, ou no plano dos fatos não jurídicos, ingressará no texto jurídico na condição de objeto de um fato jurídico em sentido estrito; ela estará relatada pelo enunciado fático. O auto de infração que faz menção a um negócio jurídico diverso daquele apresentado pelas partes, sacando para tanto, informações constantes de textos não jurídicos, relata em linguagem jurídica a ocorrência de uma ação negocial que se deu fora desses quadrantes.

---

69. Importante registrar que essa separação entre enunciados e ações negociais possui fins didáticos, de modo algum pretendemos fazer crer que essas categorias gozam de independência uma da outra, aliás, a essa independência tecemos a crítica do item 4.2.

70. Os negócios jurídicos como espécie do gênero fato jurídico em sentido amplo, pertencem à classe universal dos fatos.

Paradigmático dessa situação é o Acórdão nº 240.2005.703[71] do CARF,[72] em que a ação negocial formal-jurídica de constituição de uma sociedade de consultoria foi afastada, para se considerar, a partir de certos indícios, que a "verdadeira" ação negocial realizada pelo jogador de futebol e o clube contratante para recebimento de determinada quantia, era de contrato de trabalho, embora essa ação não tivesse sido realizada por nenhum enunciado negocial formal-jurídico. Ao assim agir, os agentes fiscais e as autoridades julgadoras relataram em linguagem jurídica a ocorrência, dada no plano dos eventos, de uma ação negocial típica de contrato de trabalho. Em situações tais, a ação negocial é considerada como ocorrida em algum momento, embora o enunciado que a tenha realizado, necessário para sua ocorrência, não esteja retratado documentalmente, mas apenas deduzido a partir das provas coletadas nos autos.

Assim, uma coisa é a ação negocial realizada em outros sistemas e reproduzida no sistema jurídico a partir de um relato formal-jurídico (enunciado fático), outra coisa é a ação

---

71. "São variados, consistentes, e significativos os elementos reunidos pela fiscalização no sentido de que a N&N Consultoria foi constituída com o propósito específico de deslocar a tributação dos rendimentos recebidos do Barcelona, vinculados à transferência de clube de futebol, da pessoa física do recorrente para aquela pessoa jurídica.
Entre esses elementos de prova, tem-se os sucessivos "enganos" verificados, como antedatamento de CNPJ em contratos, e distrato efetuado em 25.03.2014, tão somente após o início da ação fiscal, realizado claramente pretendendo suprir inconsistências no contrato de prestação de serviços firmado entre a empresa e o atleta datado de 27.04.2011, tendo em vista que então a empresa sequer existia.
Também há claros sinais de simulação tais como sua constituição às vésperas do acordo com o Barcelona (18.10.2011), ausência de estrutura operacional e de funcionários (só contratado um funcionário em 2013), bem como de falta de capacidade econômica para a consecução dos objetivos sociais consultoria esportiva e empresarial, representação, assessoria e participações empresarial e esportiva [...]
Esses valores, à mingua de qualquer base normativa diversa, e conforme a lógica mais óbvia, são proventos do atleta, não de terceira empresa, como a interposição da N&N Consultoria visou *(sic)* fraudulentamente simular.
De uma forma ou de outra, por conseguinte, deve o imposto de renda ter como sujeito passivo da obrigação tributária o recorrente, por ser ele o verdadeiro titular da capacidade contributiva, revelada pelos ganhos oriundos da transferência para o Barcelona. (Voto-vencedor, Cons. Ronnie Soares Anderson).

72. Conselho Administrativo de Recursos Fiscais.

realizada no sistema jurídico por um enunciado performativo formal-jurídico (enunciado negocial). Somente nessa última hipótese, quando a ação negocial se realiza no sistema jurídico é que podemos identificá-la como sendo o negócio jurídico; na outra hipótese, a ação negocial fica melhor categorizada como evento negocial (linguagem não formal) ou negócio socioeconômico (linguagem formal não jurídica), porque uma ação negocial realizada fora do sistema jurídico não pode ser considerada como negócio "jurídico".

Esquematizando, teríamos o seguinte:

	Classe Eventos (Linguagem não formal)	Classe fatos não jurídicos (Linguagem formal)	Classe fatos jurídicos em sentido amplo (Linguagem formal-jurídica)
Enunciado Negocial	Ação negocial c/ evento negocial	Ação negocial c/ negócio socioeconômico	*Ação negocial c/ negócio jurídico*
Enunciado Fático	—	—	Ação negocial relatada no fato jurídico em sentido estrito

Esses são os quatro modos de manifestação da ação negocial: (i) realizada por enunciado negocial não formal, quando estará inserta no universo dos eventos, integrando a espécie dos eventos negociais; (ii) realizada por enunciado negocial formal não jurídico, quando estará inserta no universo dos fatos socioeconômicos, integrando a espécie dos negócios socioeconômicos; (iii) realizada por enunciado negocial formal-jurídico, quando estará inserta no universo dos fatos jurídicos em sentido amplo, integrando a espécie dos negócios jurídicos e (iv) relatada por enunciado fático jurídico, quando estará inserta no universo dos fatos jurídicos em sentido amplo, integrando a espécie dos fatos jurídicos em sentido estrito.

CAPÍTULO 2

FORMAÇÃO E ESTRUTURA DO TEXTO NEGOCIAL

O tema da estrutura e formação do negócio jurídico, usualmente, é abordado a partir dos seus elementos essenciais, naturais e acidentais.

PONTES DE MIRANDA[73] assevera que os elementos volitivos do negócio jurídico são os essenciais e os acidentais. Os essenciais seriam aqueles previstos em determinada regra jurídica como suficientes para reconhecer uma manifestação de vontade como negócio jurídico, *v.g.*, o acordo sobre a coisa e o preço na compra e venda. Os elementos acidentais, por sua vez, seriam a parte da manifestação de vontade que não está prevista como típica a um determinado negócio. Separado desses, estariam os elementos naturais, pertencentes ao plano da eficácia, e determinantes quanto à incidência de regras específicas sobre o acordo de vontades constituído pelos elementos essenciais e acidentais.

MANOEL DOMINGUES DE ANDRADE[74] caminha próximo a isso, mas quanto aos elementos essenciais aduz que podem ser tomados em três sentidos: constitutivo do negócio jurídico,

---

73. MIRANDA, Pontes. *Tratado de direito privado*, Tomo III, p. 94.
74. ANDRADE, Manoel Domingues de. *Teoria geral da relação jurídica*, p. 34-35.

constitutivo de um tipo negocial (contrato de mútuo, locação etc.) e constitutivo da vontade das partes – esse último, no mesmo o sentido que consta da obra de Pontes de Miranda.

Emilio Betti[75] alega que esses elementos se referem não somente à formação do negócio jurídico, mas também aos efeitos que podem produzir. E, como critério de classificação dos efeitos negociais, afirma que os elementos essenciais seriam os efeitos "inderrogáveis" do negócio, enquanto os elementos naturais representariam os efeitos "derrogáveis".

Do que se nota, as coisas ficam um pouco confusas. Manoel[76] e Betti[77] chegam a admiti-lo; embora insistam na tricotomia. Gostaríamos de evitá-la e pensamos que para os objetivos deste estudo a abordagem da formação e estrutura do negócio jurídico deve ser mais ampla, considerando não só o negócio jurídico, mas todo o texto negocial.

Por isso, os tópicos subsequentes se deitam sobre a competência para se enunciar o texto negocial e sua estrutura sintático-normativa.

---

75. BETTI, Emilio. *Teoria geral do negócio jurídico*, p. 348.

76. "É clássica a tripartição que agrupa os elementos dos negócios jurídicos em essenciais (*essentialia negotii*), naturais *(naturalia negotii)* e acidentais *(accidentalia negotii)*. Apesar de ser muito criticável, pois nem sequer toma para base um critério uniforme. Vamos expor esta tripartição e utilizá-la-emos na media habitual entre os tratadistas para a exposição da matéria subsequente" (ANDRADE, Manoel Domingues de. *Teoria geral da relação jurídica*, p. 33)

77. "Reproduz-se assim, também aqui, como uma justificação um pouco diferente, a oposição, elaborada no terreno do direito romano comum e chaga até nós através da tradição romanista, entre '*essentialia*' e '*naturalia negotti*' (sic): oposição que, na verdade, assumiu, naquela tradição, um significado ambíguo, oscilando entre a) elementos constitutivos, b) cláusulas ou disposições das partes, e c) efeitos jurídicos do negócio. A ambiguidade parece, aliás, inevitável, e só nos resta apontá-la, mantendo firme a rigorosa distinção entre conteúdo e efeitos (§ 6º)" (BETTI, Emilio. *Teoria geral do negócio jurídico*, p. 348).

2.1 O princípio da autonomia privada e a competência negocial

O princípio da autonomia privada, ou da autonomia da vontade, informado, entre outras, pelas disposições constitucionais do art. 5º, XXII[78] e do art. 170 e incisos,[79] é o "poder atribuído ao particular de partejar, por sua vontade, relações jurídicas concretas, admitidas e reguladas, *in abstrato*, na lei".[80]

Discorre-se assim, que sob a égide desse preceito, presumem-se a liberdade de contratar, a liberdade de obrigar-se e a liberdade da forma.[81] Outorga-se ao cidadão, pelo princípio da autonomia privada, a possibilidade não só de assumir deveres e garantir direitos, mas também, de disciplinar esses direitos e deveres.[82]

---

78. Art. 5º. [...]
[...]
XXII – é garantido o direito de propriedade.

79. Art. 170. A ordem econômica, fundada na valorização do trabalho humano e na livre iniciativa, tem por fim assegurar a todos existência digna, conforme os ditames da justiça social, observados os seguintes princípios:
I – soberania nacional;
II – propriedade privada;
III – função social da propriedade;
IV – livre concorrência;
V – defesa do consumidor;
VI – defesa do meio ambiente, inclusive mediante tratamento diferenciado conforme o impacto ambiental dos produtos e serviços e de seus processos de elaboração e prestação; (Redação dada pela Emenda Constitucional nº 42, de 19.12.2003)
VII – redução das desigualdades regionais e sociais;
VIII – busca do pleno emprego;
IX – tratamento favorecido para as empresas de pequeno porte constituídas sob as leis brasileiras e que tenham sua sede e administração no País. (Redação dada pela Emenda Constitucional nº 6, de 1995)
Parágrafo único. É assegurado a todos o livre exercício de qualquer atividade econômica, independentemente de autorização de órgãos públicos, salvo nos casos previstos em lei.

80. GOMES, Orlando. *Introdução ao direito civil*, p. 273.

81. Idem, p. 276.

82. Pontes de Miranda diz que há o princípio da liberdade de contratar, que é o poder de, livremente, se assumir obrigações e adquirir direitos, e o princípio da autonomia da vontade, que é de se escolher as cláusulas contratuais (*Tratado de direito privado*, p. 90-91).

Tal outorga de poderes ao particular, destinada a autodisciplinar sua conduta, funciona como uma verdadeira norma de competência. É nela que se funda a realização de ações negocias capazes de implicar efeitos jurídicos, bem assim a regulamentação desses efeitos. Não podemos confundir, contudo, a atribuição de poderes, traço da norma de competência negocial, com o poder atribuído, aquele de que goza o particular de autorregular sua vontade.

E pensar em uma norma de competência, para aqueles que operam com o direito tributário, é pensar em limitações. Estipulam-se condicionantes formais e materiais para que se possam instituir deveres e direitos. Contudo, a teoria do negócio jurídico, informada que está pelo princípio da autonomia da vontade, opera em sentido diferente, a norma de competência que atribui poderes ao particular, se volta, precipuamente, a delimitar os deveres e direitos que não podem ser instituídos.

Essa inversão de papéis, entre as normas de competência de direito público e de direito privado, caracteriza aquilo que Paulo de Barros Carvalho denomina de "princípios ontológicos do direito",[83] conhecidos pelas expressões "tudo o que não está permitido no direito público, está proibido", e "tudo o que não está proibido no direito privado, está permitido".

Ressalte-se que essas proposições não são absolutas, a norma de competência negocial também estabelece permissões, é o caso da permissão que recai sobre a capacidade em sentido estrito: somente os sujeitos capazes podem enunciar texto negocial. Eis aí uma condicionante formal dessa norma de competência.

---

83. "Neste ponto, cumpre centrar nossas atenções aos conceitos traçados pelos princípios ontológicos do direito, figurando sua importância no contexto do caso ora analisado. Estes princípios, também conhecidos como leis ontológicas, são geralmente apresentados pelas expressões seguintes: "tudo que não estiver juridicamente proibido, estará juridicamente permitido" e "tudo que não estiver juridicamente permitido, estará juridicamente proibido". Entende-se o primeiro como princípio determinante do regime jurídico privado; e o segundo, por outro lado, do sistema normativo público" (*Derivação e positivação no direito tributário*, p. 76.)

NEGÓCIO JURÍDICO NO DIREITO TRIBUTÁRIO
ENSAIO SOBRE UMA TEORIA DA SIMULAÇÃO

Por certo, entretanto, que a maior parte das condicionantes age proibindo as condutas, destaquemos uma de ordem material bastante abrangente, que é a vedação de se realizar contratos além dos limites de sua função social.[84]

Assim, a norma de competência negocial vai se estruturando na medida em que essas condicionantes formais e materiais se reúnem.

Lembremos, no entanto, que a norma de competência é construída a partir de disposições gerais e disposições específicas. As que destacamos (capacidade e limites) são condições veiculadas pelas disposições gerais, formadoras da norma de competência que fundamentam os negócios jurídicos típicos e atípicos.

A essas disposições gerais se somam, em se tratando de negócio jurídico típico, outras mais específicas, aplicáveis a cada tipo negocial. Dessa forma, se o particular realiza um negócio jurídico tipificado em lei, deve fazê-lo observando a norma de competência construída a partir daquelas disposições gerais e das disposições específicas que regulam esse tipo negocial.

Essas disposições específicas normalmente estabelecem como condições formais um procedimento determinado, e como condições materiais delimitam quais os termos necessários da relação jurídica negocial, denominados na doutrina como efeitos "inderrogáveis".[85]

Tome-se de exemplo a doação de bens imóveis que tem de ser realizada, nos termos do art. 541, *caput*, do Código

---

84. Art. 421. A liberdade de contratar será exercida em razão e nos limites da função social do contrato.

85. "Quando tratamos da causa do negócio, os *essentialia negotii* foram entendidos no sentido de elementos constitutivos indispensáveis à existência do tipo de negócio, mas aqui eles são entendidos no sentido de efeitos indefectíveis e inderrogáveis, em antítese com os *naturalia negotii* que, não tendo das características daqueles, são, precisamente, derrogáveis por disposição das partes" (BETTI, Emilio. *Teoria geral do negócio jurídico*, p. 348).

Civil, pelo procedimento da linguagem escrita.[86] Eis aí uma condicionante formal que compõe a norma de competência do texto negocial da doação.

Outra condição, de ordem material, é a constante do art. 548 do Código Civil,[87] que veda a doação de todos os bens do doador se não lhe for garantida a subsistência.

Destarte, a norma de competência que atribui poderes ao particular para doar seus bens imóveis, estabelece, dentre outras, como condicionantes formais: (i) a capacidade em sentido amplo do doador (disposição geral) e (ii) que a doação seja realizada pelo procedimento da linguagem escrita (disposição específica) e, como condicionantes materiais, a proibição que a doação: (iii) seja contrária a sua função social (disposição geral); (iv) ultrapasse, manifestamente, os limites impostos pelo seu fim econômico ou social, pela boa-fé ou pelos bons costumes (disposição geral)[88] e (v) tendo por objeto todos os bens do doador, não lhe tenha sido reservado parte ou renda que garanta sua subsistência (disposição específica).

Esse é um exemplo de como as disposições gerais que enformam o princípio da autonomia privada, interagem com as disposições específicas de cada tipo negocial, para dar lugar a uma norma de competência de enunciação do texto negocial.

---

86. Art. 541. A doação far-se-á por escritura pública ou instrumento particular. Parágrafo único. A doação verbal será válida, se, versando sobre bens móveis e de pequeno valor, se lhe seguir incontinenti a tradição.

87. Art. 548. É nula a doação de todos os bens sem reserva de parte, ou renda suficiente para a subsistência do doador.

88. Art. 187. Também comete ato ilícito o titular de um direito que, ao exercê-lo, excede manifestamente os limites impostos pelo seu fim econômico ou social, pela boa-fé ou pelos bons costumes.
Note-se que o "ou" é empregado no dispositivo na sua função includente, quando "os membros da alternativa *podem* coincidir em valência positiva" (VILANOVA, Lourival. *As estruturas lógicas do direito positivo*, destaque do original, p. 128).

2.2 Causa e causalidade

O termo "causa" é um dos que experimenta maiores variações na teoria do negócio jurídico. Fala-se em "causa final", como os fins econômico-sociais que se pretende alcançar com a realização do negócio jurídico;[89] "causa pressuposta", como o elemento que justifica a realização do negócio jurídico;[90] "causa *adquirendi, solvendi e donandi*", como as três espécies de resultados jurídicos visados pela realização de um negócio jurídico.[91]

Dada essa profusão de conceitos sobre a causa do negócio jurídico, antes de avançar no assunto, vamos dar um passo atrás para firmar o que se deve ter em mente quando falamos de "causa".

"Causa" é um elemento que ocupa a posição de um antecedente numa relação de causalidade. "Causalidade" é a relação que se dá entre dois objetos, onde um implica a ocorrência de outro. O primeiro aparece como sendo a causa e o segundo, o efeito.[92] Assim, ao descrever que "se há um objeto x, então há um objeto y", estamos elucidando uma relação de causalidade entre "x" e "y",[93] onde x é a causa de y, e y é o efeito de x.

E a causalidade, como relação de implicação, pode-se dar tanto entre objetos naturais, físicos, sociais, psicossociais,

---

89. Azevedo, Antônio Junqueira. *Negócio jurídico:* existência, validade e eficácia, p. 154-156.

90. Azevedo, Antônio Junqueira. *Negócio jurídico:* existência, validade e eficácia, p. 159-160.

91. GOMES, Orlando. *Introdução ao direito civil*, p. 354.

92. Emmanuel Kant observa que a relação de causa e efeito ocorre quando um termo primeiro determina o segundo como sua consequência (*Crítica da razão pura*, p. 187).

93. Hans Kelsen diz: "a natureza é, segundo uma das muitas definições deste objeto, uma determinada ordem das coisas ou um sistema de elementos que estão ligados uns com os outros como causa e efeito, ou seja, portanto, segundo um princípio que designamos por causalidade" (*Teoria pura do direito*, p. 85.)

como entre elementos jurídicos.⁹⁴⁻⁹⁵ Basta que se apresente sob a fórmula: "se x, então y".

A diferença está que a causalidade natural, física, social ou psicossocial é descrita pela observação da experiência, enquanto que a causalidade jurídica é posta normativamente.⁹⁶ Isso significa que ao observar uma bola de bilhar colidir com outra bola de bilhar e verificar que a segunda se põe em movimento, o que consigo é tão somente observar uma sucessão de eventos. Um evento, movimento da primeira bola, antecede outro evento, movimento da segunda bola. Donde, afirmar que a colisão da primeira bola com a segunda é a causa do movimento da segunda, é construir um conceito fundamentado na repetição do fenômeno.⁹⁷ Por isso KANT chama a relação de causalidade de "conceito puro do entendimento".⁹⁸

Já a relação de implicação da causalidade jurídica não é descrita a partir da observação da repetição de eventos que se sucedem; ela é prescrita pelo direito positivo. Quando o texto jurídico elege, ainda que implicitamente, um fato F como suficiente para implicar uma consequência C, ele estabelece uma relação de causalidade entre F e C, causalidade jurídica. De modo que F é causa de C. Estabelece-se então um nexo normativo, como quer LOURIVAL VILANOVA, de forma que a relação de implicação entre F e C fica qualificada por um "dever-ser",⁹⁹ onde: "deve ser que se F, então C".

---

94. VILANOVA, Lourival. *Causalidade e relação no direito*, p. 27-29.

95. Kelsen chama de causalidade a relação causa e efeito entre elementos naturais, e implicação a mesma relação observada entre elementos jurídicos (*Teoria pura do direito*, p. 86).

96. VILANOVA, Lourival. *Causalidade e relação no direito*, p. 103.

97. "Na experiência imediata com os objetos do mundo exterior, não percebemos a relação causa/efeito como percebemos as propriedades dos objetos [...] a relação temporal de anterioridade e sucessividade e a de simultaneidade podem ser captadas mediante a percepção, pois que, meramente, esta constata 'A antes de B', 'A simultâneo com B'" (VILANOVA, Lourival, *Causalidade e relação no direito*, p. 29.)"

98. KANT, Emmanuel. *Crítica da razão pura*, p. 187.

99. Esse functor 'deve-ser' que qualifica todos os enunciados positivados no sistema

NEGÓCIO JURÍDICO NO DIREITO TRIBUTÁRIO
ENSAIO SOBRE UMA TEORIA DA SIMULAÇÃO

Logo se vê, que o termo "causa" é empregado na teoria do negócio jurídico de forma bastante dissociada do significado que lhe é imanente,[100] pois não é considerado como sendo o termo antecedente de uma relação de causalidade. Dentre os empregos que encontramos na teoria do negócio jurídico, o que soa mais estranho – e toca mais de perto o direito tributário – é aquele que estipula ser causa do negócio jurídico seus fins econômico-sociais ou jurídicos.[101] Se falarmos de fins, não podemos falar de causa, e sim de efeito. Uma relação de causa-efeito é análoga a uma relação de meio-fins, onde o meio assume a função de causa e os fins a função de efeito.[102]

Causa jurídica do negócio jurídico, assim considerada como o termo antecedente que implica a realização do negócio jurídico, a partir de uma imposição normativa, é a enunciação. É o ato de fala da enunciação que provoca, juridicamente, o enunciado negocial. No entanto, esse ato de fala da enunciação, como evento que é, ingressa parcialmente no texto do direito por meio da enunciação-enunciada.[103]

---

jurídico resulta da a ação performativa de primeiro nível (item. 1.4.1)

100. Emilio Betti parece reconhecer isso ao enfatizar que o termo causa, definido como função (fins) do negócio, tem seu uso justificado pela tradição, eis o que diz: "só assim, examinada a estrutura – forma e conteúdo (o como e o quê) – do negócio, pode resultar frutuoso estudar-lhe a função (o porquê). Essa função, que em terminologia técnica, legitimada pela tradição, se denomina a 'causa', ou seja, a razão do negócio..." (*Teoria geral do negócio jurídico*, p. 251).

101. "Embora semanticamente não haja aproximação, juridicamente os conceitos de *causa* e *objeto* muito se aproximam (...) Giram os conceitos em torno da mesma ideia, ou seja, o fim do negócio jurídico" (VENOSA, Sílvio de Salvo. *Direito civil*: parte geral, p. 376).

102. "Pense-se que a conexão de meios e fins é causal: sem causalidade, entre fim e meio, seria inexplicável como o meio M levaria ao fim F, e não a F', ou a F'', ou a F'''. O meio é um dos fatores causais, selecionados pela valiosidade do fim. A tecnologia, como alteração do mundo exterior, funda-se na conexidade de meios e fins, e nas opções valorativas ante possíveis fins a atingir" (VILANOVA, Lourival. *Causalidade e relação no direito*, p. 101).

103. Gabriel Ivo dá conta dessa relação de causalidade quando diz que "da consequência da (enunciação enunciada), investiga-se a causa (enunciação)" (*Norma jurídica, produção e controle*, p. XLV).

Se pergunto o que deu causa, sob o prisma jurídico, a um negócio de constituição de sociedade, tenho como resposta a enunciação que aparece na enunciação-enunciada. Diria: o que deu causa ao negócio foi o ajuste de vontades enunciado pelos sócios em determinada data e local. E justamente, a declaração de que havia consenso de vontades, a data, o local e os sócios, são as marcas da enunciação que tomo conhecimento a partir da enunciação-enunciada.

Por isso que ante uma norma jurídica negocial concreta e individual, diríamos que, juridicamente, a enunciação veiculada pela enunciação-enunciada é causa do negócio jurídico, e o negócio é causa jurídica da relação jurídica negocial.

Importa completar, que quando a exigibilidade de uma contraprestação depende do adimplemento da prestação, esse fato-adimplemento entra como condição da contraprestação.[104]

A relevância disso está em afastar a ideia de que em relações sinalagmáticas desse tipo uma prestação poderia ser causa da respectiva contraprestação. O que parte da doutrina denomina como sendo a "causa eficiente".[105]

---

104. "A condição é um evento futuro e incerto de que se faz dependente o efeito do ato jurídico. O ato jurídico constituiu-se quando concorreram todos os elementos previstos na hipótese. Perfaz-se, ficou perfeito, como correspondente ao seu tipo, o delineado na hipótese. A condição diz respeito ao seu momento eficacial. Em tese, sob o ponto de vista da Teoria Geral do Direito, poderia o evento condicionante inserir-se na formação do ato jurídico, diferindo sua formação plena para o tempo da ocorrência do evento. Nesse caso, o próprio existir do ato só ficaria pleno com a verificação da ocorrência.
Do ponto de vista dos *sistemas jurídicos*, as soluções variam. Nosso sistema consagra o princípio de que somente os efeitos do ato são pendentes [...]. Desta sorte, **a relação de causalidade entre o fato jurídico e seus efeitos**, entre o ato jurídico (atos jurídicos, em sentido estrito, e negócios jurídicos) e sua eficácia **fica normativamente interrompida**" (VILANOVA, Lourival. *Causalidade e relação no direito*, "negritamos", demais destaques são do autor, p. 68).

105. "A resposta à primeira pergunta envolve o problema da *causa eficiente*, que se confunde, até certo ponto, com a da interdependência das prestações nas obrigações correlatas; o vendedor entrega o bem por ter recebido o preço, o comprador paga o preço porque recebeu a coisa, em síntese, uma obrigação é a causa eficiente da outra, tanto assim que, se um não cumpre sua prestação, o outro pode recusar-se a satisfazer a sua" (GOMES, Orlando. *Introdução ao direito civil*, p. 387).

Isso não se dá. O que causa tais relações, inclusive o vínculo que há entre elas, é o negócio jurídico. Note-se: a existência de uma relação não depende da existência da outra; dependem, ambas, da existência do negócio jurídico.

Em suma, os fins jurídicos ou extrajurídicos,[106] para continuar na linha que traçamos, e também numa postura dogmática,[107] somente podem ser considerados como causa do negócio jurídico na qualidade de conteúdo intencional capaz de determinar a realização do negócio jurídico. É sobre isso que queremos falar agora.

2.2.1 Causalidade intencional

Quanto à causalidade intencional, só vamos nos fazer entender se deixarmos claro que uma coisa são os fins extrajurídicos verificados na experiência e decorrentes da realização de um negócio jurídico, *i.e.*, enquanto efeitos de uma relação de causalidade intersistêmica entre o sistema jurídico e outro sistema social, e outra coisa é a projeção desses fins enquanto conteúdo intencional que determina a realização do negócio jurídico.

No primeiro caso, esses fins ocupam a posição de termo consequente (efeito do negócio jurídico) da relação de causalidade intersistêmica, no outro caso ocupam a posição de termo antecedente numa relação de causalidade intencional. Há, nesse último caso, uma intenção (causa) determinando a ação de realizar o negócio jurídico (efeito).

---

106. Orlando Gomes menciona causa como fim jurídico (*Introdução ao direito civil*, p. 354).

107. É possível que os fins econômico-sociais determinassem a edição de normas que tipificassem negócios jurídicos que tivessem por função permitir a concreção desses fins, quando poderíamos falar que esses fins seriam a causa do negócio jurídico; mas, aí a relação não causal opera intersistemicamente e é um problema de Sociologia Jurídica, pois "a razão porque uma lei tem tal conteúdo, e não outro, porque surgiu num ponto do tempo social, e não em outro" são investigações "úteis na *política do direito*, requer a manipulação metodológica da causalidade intersistêmica" (VILANOVA, Lourival. *Causalidade e relação no direito*, p. 51).

Note-se a diferença: os fins pretendidos são objetos intencionais, ou seja, estão na nossa consciência e são capazes de determinar a realização de uma determinada ação, assumem então a posição de causa intencional dessa ação. Os fins alcançados pela prática dessa ação já passam à condição de efeito dessa ação, numa relação de causalidade de outro tipo, jurídica ou extrajurídica.

Fica mais fácil entender se consideramos que o desejo de ser proprietário de um imóvel determina a realização de um negócio de compra e venda; integra sua causa intencional. Agora, bem diferente é o fato de ser proprietário, que assume a condição de um efeito jurídico daquele negócio. Efeito jurídico mediato; como veremos.

Descrever a existência de uma relação de causalidade de tal ordem não parece algo muito difícil. A questão é: qual o conteúdo intencional que deve ser apresentado como causa do negócio jurídico? Porque ele pode variar. Por exemplo, se afirmo que a empresa Y teve a intenção de realizar um negócio jurídico de incorporação da empresa Z, e isso determinou a realização desse negócio, a conclusão vem de imediato: a intenção de Y foi causa intencional da realização do negócio jurídico de incorporação.

Em outro cenário, não é tão fácil entender, tão pouco explicar, como o conteúdo intencional de Z de reduzir o valor do Imposto de Renda da Pessoa Jurídica – IRPJ, determinou a realização do negócio jurídico de sua incorporação "às avessas" pela empresa Y. Veja: o conteúdo intencional de Z era obter vantagens fiscais, então como isso pode ser causa intencional da realização de um negócio jurídico de incorporação, onde participa Y?

Vamos começar respondendo que há aí uma intenção complexa e essa intenção complexa inclui vários estágios intencionais, que estão relacionados pela relação transitiva "por-meio--de". Lembremos: uma relação R é transitiva quando: se A está em relação R com B, e B está em relação R com C, temos que A está em relação R com C.[108]

---

[108]. Tarski, Alfred. *Introducción a la lógica:* y la metodología de las ciencias deductivas, p. 124.

Assim, o primeiro estágio intencional é realizar o negócio jurídico de incorporação para, por meio disso, atingir outro estágio intencional que é a redução do IRPJ. E, nas palavras de JOHN SEARLE: "cada estágio é um estágio causal e a transitividade da relação por-meio-de permite que a intenção em ação abranja todos eles".[109] Isso resulta que a intenção de reduzir o IRPJ, não é só de reduzir o IRPJ, e sim de fazê-lo por meio da realização do negócio jurídico de incorporação de Z por Y.

Para deixar isso mais claro, vamos tomar emprestado o exemplo de SEARLE[110] sobre o assassinato do arquiduque austríaco Franz Ferdinand pelo sérvio Gavrilo Princip, quando diz que esse:

> puxou o gatilho
>
> disparou o revólver
>
> atirou no arquiduque
>
> matou o arquiduque
>
> assestou um golpe contra a Áustria
>
> vingou a Sérvia

Podemos dizer que por-meio-de matar o arquiduque Ferdinand e assestar um golpe contra a Áustria, Gavrilo Princip intencionava vingar a Sérvia.

Guarda alguma equivalência o que SEARLE afirma com aquilo que GREGORIO ROBLES diz ao descrever as diferenças entre ato e ação, quando propõe que o ato é constituinte da ação.[111] Tenhamos só o cuidado de não confundir o que Ro-

---

109. SEARLE, John R. *Intencionalidade*, p. 177.

110. Idem, p. 136.

111. "Parece, pues, que si no exigible ineludiblemente por la lógica, sí al menos sea razonable que reservemos la denominación de acción para el significado más amplio y la de acto para el más estrecho [...] La acción tiene un significado autónomo mientras que el significado del acto está subordinado al de la acción, constituye una parte del significado de esta" (*Las reglas del derecho y las reglas de los juegos: ensayo de teoría analítica del derecho*, p. 79).

BLES refere por "ato" e "ação", com aquilo que tratamos como sendo "atos de fala" e "ação performativa". ROBLES, ao falar de ato e ação, quer significar que quando realizamos certos movimentos, eles podem ser convencionados como uma ação ou ato constitutivo de uma ação mais abrangente. Posso dar um passo à frente para realizar a ação de me apresentar ao meu superior hierárquico, como o fazem os militares. De maneira que meu passo realizou uma ação. Agora, uma caminhada é constituída de vários passos, onde cada passo assume a condição de ato constitutivo da ação de caminhar. Quando for necessário, vamos distinguir tais atos e ações dos atos de fala e das ações performativas.

Com isso em mente, logo percebemos a relação entre os temas: realiza-se uma ação por meio de **atos** (Gregorio Robles) e realiza-se a intenção complexa por meio de **estágios intencionais** (John Searle), de forma que Gavrilo realizou a ação de vingar a Sérvia, satisfazendo sua intenção complexa, por meio do ato de assassinar o arquiduque, quando satisfez seu estágio intencional de assassiná-lo.

Eis a representação gráfica dessa relação teórica:

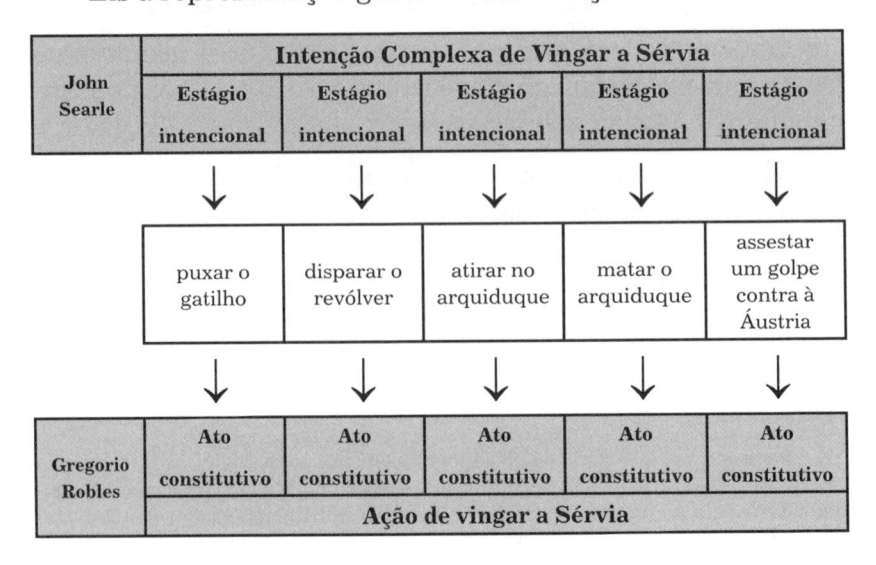

John Searle	Intenção Complexa de Vingar a Sérvia				
	Estágio intencional	Estágio intencional	Estágio intencional	Estágio intencional	Estágio intencional
	↓	↓	↓	↓	↓
	puxar o gatilho	disparar o revólver	atirar no arquiduque	matar o arquiduque	assestar um golpe contra à Áustria
	↓	↓	↓	↓	↓
Gregorio Robles	Ato constitutivo	Ato constitutivo	Ato constitutivo	Ato constitutivo	Ato constitutivo
	Ação de vingar a Sérvia				

Na ilustração, fica claro que cada estágio intencional mantém com os respectivos atos constitutivos da ação de vingar a Sérvia uma relação de causalidade intencional. E a intenção complexa, que representa a soma desses estágios intencionais, mantém com a própria ação de vingar a Sérvia uma relação de causalidade do mesmo tipo. Daí afirmarmos: o estágio intencional é a causa intencional do ato, assim como a intenção complexa é causa intencional da ação.

A razão porque estabelecemos esse diálogo filosófico vem da seguinte dúvida: até que ponto vai a intenção complexa, ou melhor, quantos estágios intencionais devemos investigar para dar conta da intenção complexa à qual se refere SEARLE?

Vimos na teoria de ROBLES, que defende a relatividade dos conceitos de "atos constitutivos" e "ações",[112] uma resposta elucidativa, pois se um determinado movimento pode ser interpretado como um ato ou como uma ação, a depender do objeto de investigação do intérprete, será justamente esse limite de investigação que delimitará o alcance da intenção complexa do agente.

Assim, se pergunto pelo crime cometido por Gavrilo Princip, delimito minha investigação a sua ação de assassinar Franz Ferdinand, passando a me importar com a intenção de Gavrilo em assassinar o arquiduque. Os estágios intencionais que, porventura, podem se revelar após o assassinato, são irrelevantes para saber se o sérvio cometeu o crime intencionalmente ou não.

---

112. "En otro lugar he definido la acción como un movimiento o conjunto de movimientos dotados de un significado unitario; o también, el significado unitario de un movimiento o conjunto de movimientos. Ahora bien, el significado es siempre producto de una interpretación. Lo cual nos lleva a afirmar que la acción misma es resultado de una interpretación. Un mismo mo-vimiento físico puede ser objeto de diversas interpretaciones, dependiendo del contexto de significado en el que sea 'leído'" (ROBLES, Gregorio. Los imperativos en Kant y su influen-cia en la teoría analítica de las normas: de los imperativos de habilidad a las normas de procedimiento, p. 1159).

De outro modo, caso desejasse saber quais as razões políticas que levaram Gavrilo a assassinar o arquiduque Franz Ferdinand, passo a investigar sua ação de vingar a Sérvia do Império Austro-Húngaro, e então incluo como atos constitutivos dessa ação o "golpe assestado contra a Áustria", bem assim incluo na sua intenção de vingar a Sérvia do Império Austro-Húngaro o estágio intencional de "assestar um golpe contra a Áustria".

E assim poderia continuar expandido meu objeto de investigação, o que me levaria inclusive a perguntar se Gavrilo Princip tinha ou não a intenção de deflagrar a Primeira Guerra Mundial, relacionada que está, historicamente, ao assassinato por ele cometido.

Vamos trazer isso mais próximo à realidade jurídica, passando em revista dois julgados do Conselho Administrativo de Recursos Fiscais – CARF:

> Acórdão nº 107-07.596
>
> IRPJ – INCORPORAÇÃO ÀS AVESSAS – GLOSA DE PREJUÍZOS – IMPROCEDÊNCIA – A denominada "incorporação às avessas", não proibida pelo ordenamento, realizada entre empresas operativas e que sempre estiveram sob controle comum, não pode ser tipificada como operação simulada ou abusiva, mormente quando, a par da inegável intenção de não perda de prejuízos fiscais acumulados, **teve por escopo a busca de melhor eficiência das operações entre ambas praticadas** (destacamos).

> Acórdão nº: 202-15.765
>
> IOF. ABUSO DE FORMA. Se a entidade financeira concede empréstimo, representado por Cédula de Crédito Comercial a concessionárias de veículos, mas de fato o que houve foi financiamento para compra de veículo por pessoa física, resta caracterizado o abuso de forma com o **fito de pagar menos tributo.** Provado o abuso, deve o Fisco desqualificar o negócio jurídico original, exclusivamente para efeitos fiscais, requalificando-o segundo a descrição normativo-tributária pertinente à situação que foi encoberta pelo desnaturamento da função objetiva do ato (destacamos).

No acórdão de nº 107-07.596, o julgado considerou que a intenção complexa de realizar o negócio de incorporação às avessas teve como estágio intencional final "a busca de melhor eficiência" enquanto que no acórdão de nº 202-15.765, a intenção complexa tida como relevante para a realização do negócio teve como estágio final "o fito de pagar menos tributo".

Disso verificamos que, no primeiro caso, se analisou o negócio jurídico sob uma perspectiva da ação de "eficiência administrativa", enquanto no segundo caso, o negócio foi analisado sob a perspectiva da ação de "elisão fiscal.

Interessante notar, que a causa intencional da ação de eficiência administrativa inclui, como estágio intencional, o desejo de pagar menos tributo; ou, dizendo de outra forma: a ação administrativa mais eficiente inclui o ato de economizar tributos.

O paralelo que se faz entre tais julgados, permite mostrar que a depender da perspectiva, um mesmo movimento pode representar uma ação ou um ato constitutivo de uma ação mais abrangente, e isso está diretamente relacionado à dimensão da intenção complexa e dos estágios intencionais que a constituem. Quanto mais abrangente a ação, mais complexa a intenção; quanto mais atos constitutivos, mais estágios intencionais.

2.3 Norma jurídica negocial

No estudo do direito tributário, já nos acostumamos com a ideia de que norma jurídica em sentido estrito[113] é a mensagem composta por um termo antecedente, que descreve possível ocorrência do mundo fenomênico, implicando um termo

---

113. "A despeito disso, porém, interessa manter o secular modo de distinguir, empregando 'normas jurídicas em sentido amplo' para aludir aos conteúdos significativos das frases do direito posto, vale dizer, aos enunciados prescritivos, não enquanto manifestações empíricas do ordenamento, mas como significações que seriam construídas pelo intérprete. Ao mesmo tempo, a composição articulada dessas significações, de tal sorte que produza mensagens com sentido deôntico-jurídico completo receberia o nome de 'normas jurídicas em sentido estrito'" (CARVALHO, Paulo de Barros. *Direito tributário, linguagem e método*, p. 128).

consequente, que delimita a relação jurídica. Esse termo antecedente pode aparecer em nível abstrato e concreto, e o consequente em nível geral e individual. Por isso, falamos em normas gerais e abstratas e normas concretas e individuais, a depender em que plano aparecem os termos sintáticos antecedente e consequente.[114]

Dito de outra forma, haverá norma jurídica, seja ela geral e abstrata ou concreta e individual, onde houver a seguinte mensagem: "Deveser que, o antecedente x implica o consequente y".[115]

A teoria do negócio jurídico, há tempos, goza de definição semelhante, como nos revela EMILIO BETTI:[116]

> A norma jurídica, considerada no seu arranjo lógico, consta de uma previsão e de uma disposição correspondente. Isto é, prevê, em abstrato e em geral, hipóteses de fato, classificadas por tipos e, ao mesmo tempo, orientadas segundo as diretivas de uma valoração jurídica – hipóteses que, em terminologia técnica, são denominadas *fattispecie*, e estabelece-lhes um tratamento apropriado, relacionando com elas, através de uma síntese normativa, como se fossem "efeitos", situações jurídicas correspondentes. Logo que se realiza, em concreto, um fato ou uma relação da vida social, que, enquadrado na sua moldura circunstancial, apresente os requisitos previstos e corresponda ao tipo de

---

114. "Observadas essas reflexões, o antecedente das normas abstratas e gerais representará, invariavelmente, uma previsão hipotética, relacionando as notas que o acontecimento social há de ter, para ser considerado fato jurídico [...]. Em posição subsequente, teremos o consequente normativo que, por seu turno, trará conduta invariavelmente determinada em termos gerais, voltada para um conjunto indeterminado de pessoas [...]. O fato, portanto, ocorre apenas quando o acontecimento for descrito no antecedente de uma norma individual e concreta [...]. Por isso mesmo, a consequência desse enunciado será, por motivo de necessidade deôntica, o surgimento de outro enunciado protocolar, denotativo, com a particularidade de ser relacional, vale dizer, instituidor de uma relação entre dois ou mais sujeitos" (CARVALHO, Paulo de Barros. *Direito tributário, linguagem e método*, p. 141-142. Por razões didáticas alteramos a ordem em que os fragmentos aparecem no texto).

115. "Se o antecedente, então deve-ser o consequente. Assim diz toda e qualquer norma jurídico-positiva" (CARVALHO, Paulo de Barros. *Direito tributário, linguagem e método*, p. 131).

116. BETTI, Emilio. *Teoria geral do negócio jurídico*, p. 20-21.

fattispecie contemplado, intervém a síntese, o nexo estabelecido pela norma, de um modo hipotético, entre aquele tipo de *fattispecie* e a correspondente disposição: isto é, produz-se a nova situação jurídica disposta em previsão.

O autor, nesse trecho, não só tratou da norma jurídica como uma mensagem veiculada sob a forma sintática "se x, então y", como também diferenciou as normas abstratas e gerais das concretas e individuais. As primeiras contêm a previsão de uma *fattispecie* e das situações jurídicas a ela vinculadas, enquanto as segundas vinculam a ocorrência que se realizou, conforme a *fattispecie,* à situação jurídica prevista nas normas abstratas e gerais.

Algumas adaptações são necessárias. No plano abstrato e geral, *fattispecie* representa, para EMILIO BETTI, o que chamamos de "hipótese de incidência", e a "situação jurídica abstrata" o que chamamos de "hipótese relacional" ou "consequente normativo".[117] No plano concreto e individual, a "realização da *fattispecie*" representa o que denominamos "fato jurídico tributário", e a "situação jurídica produzida conforme a previsão abstrata", o que chamamos de "relação jurídica tributária".

Esse sair da abstração para a concretude requer um exercício de substituição, onde o sujeito genérico, o objeto indeterminado, a manifestação de vontade típica, dão lugar a sujeitos e objetos determinados, e uma manifestação de vontade efetiva.[118]

Nisso tudo, onde está o negócio jurídico? No antecedente da norma concreta e individual. Não vemos por que isso deveria suscitar dúvidas, pois se o negócio jurídico pertence à classe dos fatos (sentido amplo), ele está na norma concreta e não na abstrata, onde se tem uma hipótese de fato. Não é negócio jurídico o enunciado construído a partir da previsão do art.

---

117. V. nota anterior.
118. VILANOVA, Lourival. *Causalidade e relação no direito*, p. 137.

538 do Código Civil,[119] mas sim hipótese negocial; é negócio jurídico a ação performativa que Teodoro realiza ao doar sua casa à Filomena. Adequado, portanto, para contornar a ambiguidade do termo "negócio jurídico", observada por ANTÔNIO JUNQUEIRA DE AZEVEDO,[120] reservar à expressão "negócio jurídico" para o termo antecedente da norma negocial concreta e individual, dizendo "hipótese negocial" para significar o termo antecedente da norma negocial abstrata e geral.

Uma distinção entre a norma abstrata e geral de incidência tributária e a norma abstrata e geral negocial merece nota: a hipótese-antecedente da norma tributária, ao tipificar um fato, impõe à autoridade administrativa o dever de, denotada a ocorrência que se enquadre naquela tipificação, aplicar a norma geral e abstrata por meio da constituição da norma individual e concreta. Se a operação de circulação de mercadorias ocorreu tal qual prevista na norma abstrata e geral, deve o agente fiscal constituir a norma concreta e individual, relatando no seu antecedente aquela circulação e positivando a relação jurídica contribuinte-fisco nos moldes previstos n'aqueloutra norma.

Contudo, na incidência negocial, isso não se dá. A hipótese da norma abstrata e geral implica o poder de realizar o negócio jurídico. Daí dizer que essa hipótese normativa é típica de uma norma de competência: atribui poderes para que o particular exerça essa ou aquela vontade.

E mais, o princípio da autonomia privada, como vimos, dá competência aos particulares não só para realizarem negócios jurídicos, mas também para estipularem qual a relação jurídica que os vincula. A positivação da relação jurídica

---

119. Art. 538. Considera-se doação o contrato em que uma pessoa, por liberalidade, transfe-re do seu patrimônio bens ou vantagens para o de outra.

120. Não é o caso de Antônio Junqueira de Azevedo que diz: "ao estabelecermos a classificação dos elementos do negócio jurídico, precisamos ter uma noção clara sobre a que negócio nos estamos referindo: se à categoria abstrata final, se a alguma categoria intermediária, ou se ao negócio particular" (AZEVEDO, Antônio Junqueira de. Negócio jurídico: existência, validade e eficácia, p. 32.)

individualizada não está integralmente vinculada à previsão normativa, como se dá no direito tributário. Sua vinculação é parcial, vale dizer: a norma negocial abstrata e geral impõe alguns termos como necessários à relação jurídica, não todos.

Ademais, se importarmos uma premissa da teoria da incidência tributária, de que a incidência normativa ocorre com a aplicação normativa,[121] não podemos admitir que realizado o negócio jurídico dar-se-iam seus efeitos, automaticamente, nos moldes previstos na norma abstrata e geral. Não ocorreria o que PONTES DE MIRANDA chama de eficácia jurídica legal,[122] no sentido de que, realizado o negócio jurídico, a norma abstrata e geral incidiria de tal forma que ingressariam no sistema jurídico os efeitos nela projetados, ainda que eles não tenham sido positivados pelas partes.

Reside aí um ponto de dissensão entre a teoria do negócio jurídico e a teoria da incidência tributária, o que fica muito bem evidenciado nas palavras de AURORA TOMAZINI DE CARVALHO:[123]

> A teoria jurídica tradicional, seguindo os ensinamentos de PONTES DE MIRANDA e MIGUEL REALE, trabalha com a tese da incidência automática e infalível no plano factual. Essa ideia se amolda muito bem aos sistemas teóricos que não fazem distinção entre os planos do direito positivo (linguagem jurídica) e da realidade social (linguagem social), considerando-os como uma unidade na existencialidade do fenômeno jurídico.

---

121. "Convém esclarecer que a aplicação do direito não dista da própria produção normativa...Trata-se de ato mediante o qual se extrai de regras superiores o fundamento de validade para a edição de outras regras, cada vez mais individualizadas. E é somente por meio dessa ação humana que se opera o fenômeno da incidência normativa em geral, assim como da incidência tributária, em particular. Sem que um sujeito realize a subsunção e promova a implicação, expedindo novos comandos normativos, não há que falar em incidência jurídica" (TOMÉ, Fabiana del Padre Tomé. *A prova no direito tributário*, p. 31-32).

122. "O negócio jurídico existe desde que se compôs o suporte fático e sobre ele incidiu a regra jurídica: a relação jurídica nasce; a eficácia, após isso, irradia-se. Onde essa efi-cácia é independente do querido e do não querido diferentemente, há eficácia jurídica legal" (MIRANDA, Pontes. *Tratado de direito privado*, v. 3, p. 166).

123. CARVALHO, Aurora Tomazini de. *Curso de teoria geral do direito*, p. 424 e 426.

> [...]
> PAULO DE BARROS CARVALHO trabalha com diferente referencial teórico (cujo modelo é o adotado neste trabalho). Para o autor, há normas jurídicas onde houver uma linguagem própria que as materialize [...]. Diferencia, assim, dos planos: (i) o do direito positivo, formado exclusivamente por normas jurídicas e materializado em linguagem prescritiva; e (ii) o da realidade social, onde as relações intersubjetivas se concretizam no espaço e no tempo.

Nessa esteira, podemos dizer que realizado o negócio jurídico e positivada a relação jurídica negocial, somente os termos dessa podem ser reputados como efeitos do negócio. Tudo aquilo que está previsto em normas abstratas e gerais como efeito de um tipo negocial dessa ordem, fica em grau de abstração e generalidade, não desce à concretude dos fatos, não é, por assim dizer, efeito jurídico realizado, mas efeito jurídico hipotético.

O art. 1.118 do Código Civil auxilia a compreensão, ei-lo:

> Art. 1.118. Aprovados os atos da incorporação, a incorporadora declarará extinta a incorporada, e promoverá a respectiva averbação no registro próprio.

Sua disposição vincula à realização do negócio jurídico de incorporação a obrigatoriedade de a empresa incorporadora declarar extinta a empresa incorporada, bem como promover o registro competente. Pois bem, se determinada incorporação se realizar sem que nos enunciados do texto negocial se encontrem qualquer declaração de extinção da sociedade incorporada, pode-se dizer que ela foi extinta? Os efeitos projetados na norma abstrata e geral foram realizados?

Quem já se acostumou com as premissas da teoria do construtivismo-lógico semântico, tão bem empunhada por PAULO DE BARROS CARVALHO, verá que tais efeitos jurídicos não se concretizaram. A sociedade incorporada, digamos, a sociedade Z, continua existindo no mundo jurídico, ainda que a norma abstrata e geral tenha dito que ela não deveria.

Onde isso nos leva? Ao seguinte: a relação jurídica negocial é o dado concreto que individualiza os sujeitos e os termos que os relacionam, ainda que esses sujeitos apareçam em estado de indeterminação.[124] Como assegura Lourival Vilanova: "as relações jurídicas pertencem ao domínio do concreto. Provêm de *fatos*, que são no tempo-espaço localizados".[125]

Da hipótese negocial provém a hipótese relacional, tomada como a previsão dos termos que as partes devem ou não devem prescrever no interior da relação jurídica negocial.

Por esses caminhos, conseguimos superar o entendimento, defendido por Orlando Gomes,[126] de que o negócio jurídico não cria relações jurídicas, sob o argumento de que "mediante negócio jurídico não se estatuem *preceitos*, pela razão intuitiva de que os particulares não podem criá-los [...]". Ora, os particulares tanto podem criá-los que é justamente esse poder que o princípio da autonomia privada e as normas abstratas e gerais que tratam de tipos negociais específicos regulamentam; são elas normas de competência.

Note-se: os efeitos previstos nessas normas abstratas e gerais também podem ser tomados como delimitadores da competência negocial, delimitam quais as relações jurídicas que podem ser criadas.[127]

---

124. "Assim, tanto nas relações jurídicas sem sujeito ativo (direitos em sujeito) como nas relações jurídicas com somente titulares passivos, tais relações subsistem, ainda que parcialmente e provisoriamente, privadas de subjetividade ativa. Como estruturas lógicas são incompletas, pois uma relação de um só termo ou membro há de ser reflexa (o termo como ele mesmo). Podemos acolher o fato, o dado que o direito positivo nos expõe, e recolhê-lo logicamente do seguinte modo: as relações jurídicas têm, pelo menos, um sujeito determinado. O outro ou está determinado (individualizado, subjetivizado, concretizado numa pessoa individual, ou numa pessoa jurídica), ou está indeterminado, à espera de determinação" (VILANOVA, Lourival. *Causalidade e relação no direito*, p. 165).

125. "As relações jurídicas pertencem ao domínio do concreto. Provêm de fatos, que são no tempo-espaço localizados" (VILANOVA, Lourival. *Causalidade e relação no direito*, p. 137.)

126. GOMES, Orlando. *Introdução ao direito civil*, p. 278.

127. De maneira análoga, CLÉLIO CHIESA, ao falar da delimitação da base de

Resumindo: a norma negocial, abstrata e geral, contém no termo antecedente uma hipótese de negócio jurídico, e no termo consequente uma hipótese relacional; a norma negocial, concreta e individual, contém no termo antecedente o negócio jurídico, e no termo consequente, a relação jurídica.

Para o desfecho do que se disse, coloquemos em ressalva que tratamos somente da norma primária, não abordamos a estrutura normativa completa, que envolve a norma secundária, onde o Estado-juiz aparece como um de seus sujeitos, apto a sancionar quem não cumpre a norma primária.[128]

2.4 Bilateralidade no negócio jurídico e na relação jurídica

Costuma-se classificar os negócios jurídicos em unilaterais e bilaterais (ou plurilaterais),[129] de acordo com o número de ações negociais que o formam. Realizando-se uma única ação negocial temos um negócio jurídico unilateral; realizando-o a partir de duas ou mais ações negociais, temos um negócio jurídico bilateral. Em todo caso, a unidade do negócio não fica prejudicada, mesmo onde há bilateralidade ou pluralidade de ações negociais pode haver um único negócio jurídico.[130]

---

cálculo e dos destinatários da norma de incidência tributária, sustenta que a norma de competência tributária tem por objeto não só a hipótese de incidência, mas também esses critérios quantitativos e pessoais, que são efeitos dessa hipótese. (CHIESA, Clélio. *A competência tributária do estado brasileiro*, p. 153).

128. "Seguimos a teoria dual da norma jurídica: consta de duas partes, que se denominam norma primária e norma secundária. Naquela, estatuem-se as relações deônticas direitos/deveres, como consequência da verificação de pressupostos, fixados na proposição descritiva de situações fácticas ou situações já juridicamente qualificadas; nesta, preceituam-se as consequências sancionadoras, no pressuposto do não cumprimento do estatuído na norma determinante da conduta juridicamente devida" (VILANOVA, Lourival. *Estruturas lógicas do direito positivo*, p. 105).

129. BETTI, Emilio. Teoria geral do negócio jurídico, p. 437-438 e GOMES, Orlando. *Introdução ao direito civil*, p. 316-217 e 325.

130. "A pluralidade de manifestações de vontade não é obstáculo à unidade do negócio jurí-dico" (MIRANDA, Pontes. *Tratado de direito privado*, p. 209).

De outra parte, dizer que o negócio jurídico unilateral se realiza por uma única ação negocial não significa que somente uma pessoa dela participe; a unilateralidade não afasta a subjetividade complexa.[131] Com diz CARLOS FERREIRA DE ALMEIDA: "um coro a uma só voz".[132]

Assim, se várias pessoas realizam conjuntamente a mesma ação negocial, diremos que houve pluralidade de sujeitos, mas unicidade de ação. É o que se dá na constituição de associações.

E a bilateralidade do negócio jurídico, na forma exposta, não se confunde com a bilateralidade da relação jurídica. O negócio jurídico pode ser unilateral e bilateral, mas a relação jurídica sempre será bilateral, quando considerada sua bipolaridade.

Expliquemos: na relação jurídica, existem sempre dois polos, sujeito ativo e sujeito passivo, que estão em relação. MANUEL DOMINGUES DE ANDRADE, ao afirmar que a relação jurídica consiste na "atribuição a uma pessoa (em sentido jurídico) de um *direito subjetivo* e a correspondente imposição a outra pessoa de *um dever ou de uma sujeição*",[133] põe em evidência a bipolaridade da relação jurídica. Não há relação jurídica de uma pessoa com ela mesma, em caso tal se opera a confusão.[134] Nas relações jurídicas, onde houver um relato de determinada prestação, haverá seu correlato. Se A é credor de B, B é devedor de A. Ou seja, a prestação de débito é correlata da prestação de crédito.

---

131. "Mas também pode ser unilateral – ß) o negócio subjetivamente complexo, quando a participação de várias pessoas num mesmo negócio se dá em virtude de uma comum e igual legitimação, para a tutela de um mesmo interesse, e portanto, de maneira que elas atuem todas, do mesmo lado" (BETTI, Emilio. *Teoria geral do negócio jurídico*, p. 437-438).

132. ALMEIDA, Carlos Ferreira de. *Texto e enunciado do negócio jurídico*, p. 845.

133. ANDRADE, Manoel Domingues de. *Teoria geral da relação jurídica*, p. 2, destacamos.

134. A bipolaridade, enfatiza Lourival Vilanova, não é uma imposição da lógica, mas do próprio direito, ali onde o mesmo ente ocupa os dois polos – ativo e passivo – dá-se a confusão – Art. 381 do CC. (*Causalidade e relação no direito*, p. 163).

Afora essa bilateralidade própria da bipolaridade, outro tipo de bilateralidade é atribuído às relações jurídicas, destinada a caracterizar os contratos sinalagmáticos, em que uma prestação está vinculada a outra prestação.

Não podemos confundi-las. A bilateralidade, própria a todas as relações jurídicas (bipolaridade), aparece nos vínculos relato-correlato de uma mesma prestação; a bilateralidade própria aos contratos sinalagmáticos[135] se dá entre prestações distintas.

LOURIVAL VILANOVA[136] elucida que na bilateralidade sinalagmática, o que se dá, é que as relações jurídicas aparecem reciprocamente vinculadas, como podemos observar nessa afirmação:

> Nos contratos bilaterais, as obrigações recaem sobre as partes contratantes ou sobre os sujeitos-de-direito que estão nas posições dos termos da relação jurídica. O tópico do sujeito da obrigação no primeiro membro da relação jurídica não se confunde com o tópico (topos, lugar) de sujeito da obrigação no segundo membro da relação jurídica. São obrigações com objetos diversos.
>
> [...]
>
> Por isso mesmo, temos duas obrigações, O' e O", respectivamente, com duas prestações, P' e P". A obrigação do comprador difere da obrigação do vendedor. Esse vínculo entre as duas obrigações é tecido pelo legislador [...].

Apanhando tudo o que foi exposto, poderíamos representar a bilateralidade no negócio jurídico e na relação jurídica negocial assim:

---

[135]. "Contrato bilateral é aquele de que se irradia eficácia bilateral (deveres, obrigações, ações, de ambos os lados). Bilateral, aí, é, portanto, bilateralmente criador de direitos, deveres, pretensões, obrigações, ações e exceções. Há prestação e contraprestação, que é o que o credor promete" (MIRANDA, Pontes. *Tratado de direito privado*, v. 3, p. 245).

[136]. VILANOVA, Lourival. *Causalidade e relação no direito*, p. 185.

Negócio jurídico bilateral			Relação jurídica negocial	
Ação perf. de A +	Ação perf. de B	→	**RJ1** A → B Bilateralidade na prestação (bipolaridade) ↔	**RJ2** A → B Bilateralidade na prestação (bipolaridade)
			Vínculo recíproco das relações Bilateralidade entre prestações	

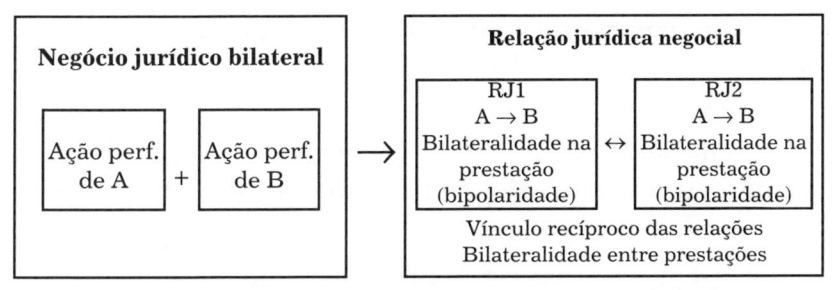

Disso se conclui que pode haver (i) bilateralidade no negócio jurídico, relacionado à concorrência de mais de uma ação negocial, e duas bilateralidades na relação jurídica negocial: (ii) a característica de todas as relações jurídicas, onde sempre aparecem, no mínimo, dois sujeitos; e outra, que identifica os chamados (iii) contratos sinalagmáticos, em que as relações jurídicas aparecem reciprocamente vinculadas.

2.5 Macroação negocial e o negócio jurídico indireto

Quando utilizamos por premissas que: (i) o negócio jurídico consiste numa ação performativa capaz de implicar efeitos jurídicos e (ii) sua materialização se dá por enunciados positivados no sistema jurídico, assim como a materialização da (iii) relação jurídica, ou seja, de toda (iv) norma jurídica negocial, deixamos claro o seguinte: onde há norma, negócio e relação jurídica negocial, há texto negocial, que passando pela sua dimensão física (plano da expressão) e pela sua dimensão significativa (plano do conteúdo) ocupa um lugar no plano da manifestação.[137]

Essa constatação traz consigo o problema sobre os limites do texto negocial. Certo é, como bem o sabemos, que a quantidade de documentos que expressam o conteúdo do texto negocial é indiferente para sua delimitação.[138] Podemos ter,

---

137. Estamos considerando texto como plano da manifestação. "Chamamos manifestação à união de um plano de conteúdo com um plano de expressão. Quando se manifesta um conteúdo por um plano de expressão, surge um texto" (FIORIN, José Luiz. *Elementos de análise do discurso*, p. 31).

138. "Enquanto que o texto do negócio jurídico se refere sempre à totalidade do

num único contrato, escritura ou algo do tipo, vários negócios, ou podemos ter um único negócio, expressado por vários documentos dessa ordem.

Conhecer os limites do texto negocial é imperioso para melhor elucidar situações como as que se apresentam debaixo do negócio jurídico indireto.[139]

Pensemos no caso retratado as seguintes ações negociais: (i) a empresa Z realiza a compra das ações de X pertencentes à empresa Y; (ii) a empresa Y realiza a venda das ações de X à empresa Z; (iii) a empresa Y realiza a anuência da sub-rogação de direitos e deveres de Z a outra empresa, desde que pertencente ao grupo econômico dessa e (iv) a empresa X realiza a incorporação da empresa Z.

Quantos negócios jurídicos foram constituídos por tais ações negociais? Quais ações negociais constituem o negócio jurídico de compra e venda? Muitos dirão, como os contribuintes o disseram naquela ocasião, que as ações negociais (i) e (ii) constituem um negócio jurídico de compra e venda, e a ação (iv) um negócio jurídico de incorporação. Outros, como os membros da 3ª Câmara, que julgaram o caso, dirão que as ações negociais (i), (ii) e (iv), realizam um único negócio de compra e venda entre X e Y.

Uma coisa é certa: para a formação de qualquer um dos negócios referidos concorre mais de uma ação negocial. E ainda: as ações negociais, tanto sob a perspectiva do contribuinte, como dos julgadores, são as mesmas. Por isso, a discussão não é sobre quais as ações foram praticadas, mas, principalmente, sobre quais conjuntos elas formam. Sendo que cada conjunto é um negócio jurídico.

---

acto, um mesmo negócio jurídico pode integrar elementos contidos em documentos diferentes e o mesmo documento conter o enunciado comum a mais do que um negócio jurídico" (ALMEIDA, Carlos Ferreira de. *Texto e enunciado na teoria do negócio jurídico*, vo. I, p. 319).

139. V. item 2.5.

Situações próximas a essa foram analisadas na teoria dos atos de fala por TEUN VAN DIJK, que formulou um conceito de macroato de fala; dito ao nosso modo, macroação performativa. Por esse conceito, ele demonstra que ações performativas dispostas numa determinada sequência, se analisadas em nível mais amplo, podem representar uma ação maior, a macroação performativa. E exemplifica: "uma carta inteira pode funcionar globalmente como uma ameaça, uma lei inteira como uma proibição".[140]

DANILO MARCONDES[141] empresta um trecho do livro *A falta que ela me faz*, de FERNANDO SABINO, para mostrar como a macroação performativa é constituída por ações performativas concatenadas, o trecho é longo, mas esclarecedor:

Psicopata ao Volante

[1] David passava de carro às onze horas de certa noite de sábado por uma rua de

[2] Botafogo, quando um guarda o fez parar:

[3]– Seus documentos, por favor.

[4] Os documentos estavam em ordem, mas o carro não estava: tinha um dos faróis [5]queimados.

[6] – Vou ter de multar – advertiu o guarda.

[7] – Está bem – respondeu David, conformado.

[8] – Está bem? O senhor acha que está bem?

[9] O guarda resolveu fazer uma vistoria mais caprichada, e deu logo com outras [10] irregularidades:

[11] – Eu sabia! Limpador de para-brisa quebrado, folga na direção, freio desregulado. [12] Deve haver mais coisa, mas para mim já chega. Ou o senhor acha pouco?

[13] – Não, para mim também já chega.

---

140. DIJK, Teun Adrianus van. *Cognição, discurso e interação*, p. 95.
141. MARCONDES, Danilo. Aspectos Pragmáticos da Negação. *O que nos faz pensar*, p. 25.

[14] – Vou ter de recolher o carro, não pode trafegar nessas condições.

[15] – Está bem – concordou David.

[16] – Não sei se o senhor me entendeu: eu disse que vou ter de recolher o carro.

[17] – Entendi sim: o senhor disse que vai ter de recolher o carro. E eu disse que está [18] bem.

[19] – O senhor fica aí só dizendo está bem.

[20] – Que é que o senhor queria que eu dissesse? Respeito sua autoridade.

[21] – Pois então vamos.

[22] – Está bem.

[23] Ficaram parados, olhando um para o outro. O guarda, perplexo: será que ele não [24] está entendendo? Qual é a sua, amizade? E David impassível: pode desistir, [25] velhinho, que de mim tu não vê a cor do burro de um tostão. E ali ficariam o resto [26] da noite a se olhar em silêncio, a autoridade e o cidadão flagrado em delito, se o [27] guarda enfim não se decidisse:

[28] – O senhor quer que eu mande vir o reboque ou prefere levar o carro para o depósito [29] o senhor mesmo?

[30] – O senhor é que manda.

[31] – Se quiser, pode levar o senhor mesmo.

[32] Sem se abalar, David pôs o motor em movimento:

[33] – Onde é o depósito?

[34] O guarda contornou rapidamente o carro pela frente, indo sentar-se na boleia:

[35] – Onde é o depósito... O senhor pensou que ia sozinho? Tinha graça!

[36] Lá foram os dois por Botafogo afora, a caminho do depósito.

[37] – O senhor não pode imaginar o aborrecimento que ainda vai ter por causa disso – o [38] guarda dizia.

[39] – Pois é – David concordava: — Eu imagino.

[40] O guarda o olhava, cada vez mais intrigado: [41] — Já pensou na aporrinhação que vai ter? A pé, logo numa noite de sábado. Vai ver [42] que tinha aí o seu programinha para esta noite... E amanhã é domingo, só vai poder [43] pensar em liberar o carro

a partir de segunda-feira. Isto é, depois de pagar as multas [44] todas...

[45] – É isso aí – E David olhou penalizado: [46]- Estou pensando também no senhor, se aborrecendo por minha causa, perdendo [47] tempo comigo numa noite de sábado, vai ver até que estava de folga hoje...

[48] – Pois então? – reanimado, o guarda farejou um entendimento: – Se o senhor [49]quisesse, a gente podia dar um jeito...O senhor sabe, com boa vontade, tudo se [50]arranja.

[51] – É isso aí, tudo se arranja. Onde fica mesmo o depósito?

[52] O guarda não disse mais nada, a olhá-lo fascinado. De repente ordenou, já à altura [53] do Mourisco:

[54] – Pare o carro! Eu salto aqui.

[55] David parou o carro e o guarda saltou, batendo a porta, que por pouco não se [56] despregou das dobradiças. Antes de se afastar, porém, debruçou-se na janela e [57] gritou:

[58] – O senhor é um psicopata!

No diálogo, fica bem retratado o objetivo do guarda em extorquir David, e essa extorsão, que não se consuma, é a macroação performativa que envolve as demais ações performativas, como as ordens, perguntas e afirmações.

Mas, se no exemplo, os limites do diálogo estão bem demarcados, não estão, como vimos, nos textos negociais. Eis a dificuldade em saber qual macroação negocial foi realizada como suficiente para significar um negócio jurídico.

CRISTIANO CARVALHO,[142] que se não tivermos em erro, abordou pioneiramente o tema na literatura jurídico-nacional, chega a dizer que não há uma macroação em si, mas somente uma macroação relativamente a outras ações.

Desse modo, as ações negociais, retratadas no Acórdão nº 103-23.441,[143] podem formar macroações negociais diferentes,

---

142. *Ficções jurídicas no direito tributário*, p. 63.

143. DESPESAS COM ÁGIO. CARACTERIZADA SIMULAÇÃO. INDEDUTIBILIDADE. PROVAS. É indedutível as despesas com ágio quando provado nos autos

dependendo do objetivo que norteia a concatenação dessas ações. Concatenando-as, a partir de seu objetivo elisivo, teremos como macroação negocial a compra e venda entre X e Y. Se a concatenação envolver a finalidade jurídica das ações, teremos duas macroações negociais, uma representando o negócio jurídico de compra e venda entre Z e Y, e outra representando o negócio jurídico de incorporação entre Z e X.

Essa relativização na identificação das macroações negociais acerta em cheio o debate sobre o negócio jurídico indireto e a simulação,[144] pois considerar que as ações negociais concatenadas configuram, cada qual, um negócio jurídico

---

que as mesmas foram levadas a efeito a partir da prática de simulação através de negócio jurídico que aparenta transferir direitos a pessoa diversa daquela à qual realmente se transmitem.
SIMULAÇÃO. CARACTERIZAÇÃO. O fato dos atos societários terem sido formalmente praticados, com registro nos órgãos competentes, escrituração contábil etc. não retira a possibilidade da operação em causa se enquadrar como simulação, isso porque faz parte da natureza da simulação o envolvimento de atos jurídicos lícitos. Afinal, simulação é a desconformidade, consciente e pactuada entre as partes que realizam determinado negócio jurídico, entre o negócio efetivamente praticado e os atos formais (lícitos) de declaração de vontade. Não é razoável esperar que alguém tente dissimular um negócio jurídico dando-lhe a aparência de um outro ilícito.
GLOSA DE DESPESAS FINANCEIRAS – DESNECESSIDADE. A tão só coexistência, com aplicações financeiras remuneradas a taxas inferiores, de empréstimos tomados a pessoas relacionadas não autoriza a inferência de serem desnecessárias as despesas havidas com estes empréstimos.
RESERVA DE REAVALIAÇÃO. REALIZAÇÃO. INEXISTÊNCIA. A entrega de bens em pagamento do valor do capital subscrito, fato permutativo que é, não implica em (sic) realização da reserva de reavaliação.
MULTA DE OFÍCIO QUALIFICADA – SIMULAÇÃO – EVIDENTE INTUITO DE FRAUDE – A prática da simulação com o propósito de dissimular, no todo ou em parte, a ocorrência do fato gerador do imposto caracteriza a hipótese de qualificação da multa de ofício, nos termos do art. 44, II, da Lei nº 9.430, de 1996. (Rel. Paulo Jacinto do Nascimento, 3ª Câmara do 1º Conselho de Contribuintes)

144. "Para haver *negócio indireto*, é preciso que, através de *negócio típico*, que as partes quiserem realmente realizar, seja visado fim diverso do que lhe corresponde. O negócio é querido pelas partes; por isso não se pode identificar o negócio indireto com o *negócio simulado*" (GOMES, Orlando. *Introdução ao direito civil*, p. 370). Falando em negócio jurídico fiduciário, FRANCESCO FERRARA, diz que "a divergência entre o fim econômico e o meio jurídico, dá um caráter especial ao negócio fiduciário que apresenta uma fisionomia ondulante e equívoca. Daí nascem as intricadas confusões em que caem a doutrina e a jurisprudência ao apreciar todos estes negócios, que se subordinam ao conceito de simulação" (*A simulação dos negócios jurídicos*, p. 79).

autônomo, ainda que a associação delas implique resultado atípico, levaria ao conceito de negócio jurídico indireto, enquanto que ver na concatenação dessas ações um disfarce na realização da macroação, resultaria no conceito de negócio jurídico simulado.

Cremos, contudo, que essa relativização pode ser contornada se adotarmos o critério da suficiência na implicação das relações jurídicas positivadas pelas partes.

Assim pensamos, porque, se o negócio jurídico é antecedente lógico-sintático de uma estrutura normativa, ele é condição suficiente do consequente dessa estrutura, a saber: a relação jurídica negocial. Donde a suficiência da macroação negocial implicar a relação jurídica negocial, ou as relações jurídicas negociais reciprocamente vinculadas, permite dizer que essa macroação representa o negócio jurídico efetivamente realizado.

Esse critério, entretanto, não funciona para os casos em que as partes não disciplinam a relação jurídica negocial, ou seja, apenas realizam em linguagem jurídica ações negociais que podem surtir efeitos jurídicos, mas tais efeitos ficam naquele nível de abstração de que falamos. São casos limítrofes, embora devamos considerá-los.

De qualquer forma, ainda que tenhamos dificuldades para estabelecer critérios que possam nos guiar na delimitação da macroação negocial, o que o próprio VAN DIJK[145] admite, ao tratar da macroação performativa, estamos certos de que o negócio jurídico, e assim seu texto negocial, devem ser

---

145. "Enfatizamos, contudo, que tanto o próprio contexto quanto a sua compreensão são dinâmicos no sentido de que exigem processos. Em outras palavras, ainda não sabemos como a representação do contexto (e a do texto) é realmente construída durante a interação. Não sabemos exatamente como as informações perceptuais combinam-se com todos os tipos de inferências e a atualização dos *frames*; ou como todos os tipos de informações novas são organizadas, armazenadas e combinadas com conhecimentos já adquiridos; ou, com desejos, emoções, atitudes, intenções e objetivos. E, finalmente, ainda não sabemos como todas essas informações exteriores e interiores são mapeadas sobre representações das categorias e estruturas do contexto social" (DIJK, Teun Adrianus van. *Cognição, discurso e interação*, p. 95).

analisados a partir dessas macroestruturas. Não por outra razão que Carlos Ferreira de Almeida[146] chega a falar em uma "superestrutura textual do negócio jurídico".

---

146. ALMEIDA, Carlos Ferreira de. *Texto e enunciado na teoria do negócio jurídico*, p. 330.

CAPÍTULO 3
O NEGÓCIO JURÍDICO NA NORMA TRIBUTÁRIA

3.1 Materialidade tributária e o conceito de negócio jurídico

Se se quer emprestar aos contribuintes um mínimo de previsibilidade sobre qual o impacto fiscal que suas atividades receberão, deve o Estado outorga-lhes, previamente, condições de identificação das situações tributadas. ROQUE ANTONIO CARRAZZA[147] aduz que esse grau de previsibilidade do gravame tributário somente pode ser alcançado quando "a lei, longe de abandonar o contribuinte aos critérios subjetivos e cambiantes da Fazenda Pública, traça uma ação-tipo (abstrata) que descreve o fato que, acontecido no mundo fenomênico, fará nascer o tributo".

Diz-se então que a descrição contida na hipótese de incidência tributária delimita o "fato típico", que pode sofrer o gravame fiscal. Outorga-se ao termo "tipicidade"[148] à ideia de denotação, no plano concreto, das características conotadas no plano abstrato, pela hipótese.

---

147. CARRAZZA, *Roque Antonio. Curso de direito constitucional tributário*, p. 386.
148. Idem.

MISABEL DERZI,[149] no entanto, há muito crítica essa noção de tipicidade, quando assevera que a ideia de tipo não pode estar atrelada à de características essenciais.

Ela esclarece que o tipo não veicula características essenciais como o critério de identificação dos objetos a ele pertencentes. A identificação dos objetos com o tipo se dá por meio da comparação, e a relação é intuitiva, analógica, e não de subsunção; essa própria ao conceito.[150]

O conceito, como iniciativa de seleção de propriedades,[151] é que induz à subsunção. Pelo conceito, definem-se quais as características que um objeto deve conter para por ele ser abarcado. Por isso dizer que os tipos são sempre abertos às transições fluidas da vida, e os conceitos fechados às características por ele selecionadas. Daí a impropriedade da expressão "tipo fechado"; se é fechado, não é mais tipo, mas sim "conceito classificatório".[152]

A voz divergente de DERZI o é somente nos termos, porque no conteúdo converge com a doutrina quanto à necessidade, no Direito Tributário, de a lei descrever minuciosamente o fato capaz de sofrer a incidência normativa. Embora

---

149. DERZI, Misabel. *Mutações, complexidade, tipo e conceito, sob o signo da segurança e da proteção da confiança*. In: TÔRRES, Heleno Taveira (Coord.). *Tratado de direito constitucional tributário*. Estudos em homenagem a Paulo de Barros Carvalho. São Paulo: Saraiva, p. 256-265.

150. "[...] o tipo é mais concreto e rico de conteúdo que o conceito, e a investigação consuma-se por meio da ordenação (e não da subsunção), da comparação e da analogia" (DERZI, Misabel. Mutações, complexidade, tipo e conceito, sob o signo da segurança e da proteção da confiança. In: TORRES, Heleno Taveira (Org.). *Tratado de direito constitucional tributário*. Estudos em homenagem a Paulo de Barros Carvalho, p. 259)

151. "Da multiplicidade de coisas, fenômenos, propriedades, atributos, relações, o conceito escolhe alguns. Tem ele uma função seletiva em face do real" (VILANOVA, Lourival. *Estruturas lógicas e o sistema do direito positivo*, p. 7.)

152. DERZI, Misabel. Mutações, complexidade, tipo e conceito, sob o signo da segurança e da proteção da confiança. In: TORRES, Heleno Taveira (Org.). *Tratado de direito constitucional tributário*. Estudos em homenagem a Paulo de Barros Carvalho, p. 259.

insista que, nesse caso, o legislador não se vale de tipos, mas de conceitos classificatórios.[153]

Dessas lições, esse é o ponto que importa ao trabalho: os enunciados normativos veiculam, por meio de nomes,[154] conceitos[155] que delimitam as características que um dado qualquer deve conter para ser suporte de um fato jurídico. Assim, quando falamos em "tipo do fato", estamos nos referindo a "conceito do fato".

Temos então: enunciados, nomes, conceitos e características. Tudo isso envolvido na construção da hipótese normativa. O legislador formula enunciados usando nomes que se referem a conceitos[156] que contém as características[157] qualificadoras do fato. Assim, o conhecimento das características selecionadas, num enunciado, passa pelo conhecimento dos conceitos por ele referidos.

Tal situação ocorre com os enunciados das hipóteses normativas de incidência, quando veiculam nomes de negócios jurídicos para delimitar o fato jurídico tributável. "Compra e

---

153. DERZI, Misabel. Mutações, complexidade, tipo e conceito, sob o signo da segurança e da proteção da confiança. In: TORRES, Heleno Taveira (Org.). *Tratado de direito constitucional tributário*. Estudos em homenagem a Paulo de Barros Carvalho, p. 272.

154. Paulo de Barros Carvalho define o nome como "palavras tomadas voluntariamente para designar indivíduos e seus atributos, num determinado contexto de comunicação." (*Direito tributário, linguagem e método*, p. 117).

155. Nosso pensar parece ruir quando nos deparamos com a veemente assertiva de Geraldo Ataliba: "não é função de lei nenhuma formular conceitos teóricos" (*Hipótese de incidência tributária*, p. 31). O impacto amaina na continuidade de sua sempre confortável leitura. Quis o mestre, na ocasião, reforçar que os conceitos não são dados pela lei, mas construídos a partir dela (*Hipótese de incidência tributária*, p. 32). E ao endossar as lições de Misabel Derzi, dizendo que a lei veicula o conceito do fato, estamos a dizer que a legislação veicula palavras que estão conceitualmente atreladas a algumas características.

156. Sobre o "uso" de palavras ou nomes para "mencionar" conceitos v. CERQUEIRA, Luiz Alberto e OLIVA, Alberto. *Introdução à lógica*, p. 18.

157. Lourival Vilanova assevera que os caracteres gerais reunidos num conceito, o são pela sua abstração do dado concreto e associação, em relação simbólica, à palavra. (*Estruturas lógicas e o sistema do direito positivo*, p. 9).

venda"; "prestação de serviços"; "transmissão *causa mortis e inter vivos*" e outros, são termos que se referem a negócios jurídicos regulados pelo direito privado, embora usados nos enunciados da hipótese de incidência tributária. Isso quer dizer que, em casos tais, o conceito dessa hipótese normativa está perpassado pelo conceito de negócio jurídico. Dito de outro modo: somente se consegue delimitar o conceito da hipótese de incidência tributária, delimitando-se o conceito do negócio jurídico mencionado em seu enunciado.

Por fim, registremos que os conceitos veiculados pelas hipóteses de incidências tributárias não tratam somente do negócio jurídico, mas também da relação jurídica negocial e da norma negocial, porque expressões como "circulação de mercadorias", "prestação de serviços" e "transmissão *inter vivos* de bens imóveis", tal como foram estampadas no texto constitucional, dão ao legislador margem de liberdade suficiente para fazer incidir os tributos correspondentes sobre qualquer um desses elementos da norma negocial.

3.2 Camadas de linguagem na incidência tributária

O universo jurídico-tributário já se ambientou com as expressões "linguagem-objeto" e "metalinguagem", usadas para referir a relação existente entre a linguagem da Ciência do Direito e a linguagem do direito positivo, esse na posição de linguagem-objeto e aquela como sua metalinguagem. Isto é: "à linguagem que é objeto de discurso chama-se linguagem-objeto e à linguagem cujo objeto é uma linguagem chama-se metalinguagem".[158]

Contudo, a possibilidade de uma linguagem ser objeto de outra não reside no quadro estático das camadas linguísticas. Tal possibilidade decorre da função de que, na dinâmica discursiva, uma linguagem possa assumir frente à outra. CERQUEIRA E OLIVA[159] explicam melhor:

---

158. CERQUEIRA, Luiz Alberto e OLIVA, Alberto. *Introdução à lógica*, p. 20.
159. Idem.

> É importante observar que "linguagem-objeto" e "metalinguagem" são termos relativos. Qualquer linguagem "ascende" ao nível metalinguístico se tem como objeto de análise uma linguagem. A diferença entre uma linguagem-objeto e sua metalinguagem se fundamenta em uma reação entre níveis distintos no universo linguístico. Essa relação pode dar-se em uma mesma linguagem ou entre diferentes linguagens.

A partir disso, vale observar que as relações de sobreposição de linguagens podem-se dar como um fenômeno intersistêmico, a exemplo do que ocorre entre a Ciência do Direito e o direito positivo, e também intrassistêmico, a exemplo do que ocorre no interior do direito positivo quando "a linguagem de uma norma que se refere à linguagem de outra norma é metalinguagem, relativamente a esta que ocupa o posto de linguagem-objeto".[160] Nesse último caso, é indiferente se entre as normas exista uma relação de hierarquia ou de estrutura, pois a sobreposição de camadas também pode ser verificada entre as normas arranjadas sob um mesmo plano hierárquico e estrutural.

Nesse sentir, quando as hipóteses de incidências tributárias delimitam suas materialidades, veiculando nomes de categorias de direito privado, a norma tributária usa tais nomes para se referir aos elementos que compõe a classe conceitual dessa categoria. E são as normas de direito privado que selecionam quais os caracteres que o fato deve conter para ingressar em tais categorias.

Tem-se então uma norma – de incidência tributária – que se refere, por meio de nomes, a uma classe conceitual construída a partir de outras normas – de direito privado –, para efeito de considerar os elementos ali presentes como pertencentes à classe dos fatos tributáveis. E o recorte que o texto do direito tributário faz sobre o texto do direito privado é uma marca de intertextualidade, e é justamente essa marca que nos permite dizer que há uma sobreposição linguística entre a norma de

---

160. VILANOVA, Lourival. Sobre o Conceito de Direito, *in Escritos jurídicos e filosóficos*, p. 213.

incidência tributária e a norma de direito privado, porque "a intertextualidade é uma forma de metalinguagem."[161]

Isso faz da linguagem do direito privado, no contexto demarcado, uma camada intermediária entre a linguagem social e a linguagem do direito tributário. Não se vai da linguagem social à linguagem do direito tributário, sem antes passar pela linguagem do direito privado. O ser proprietário, como aspecto material da norma de incidência do IPTU, somente pode ser denotado a partir da linguagem do direito privado, que demarca o conceito de "propriedade". Quem busca tal predicado na linguagem social nada encontra, porque sua natureza é eminentemente jurídica.

O olhar crítico de LOURIVAL VILANOVA[162] já nos ofereceu essa constatação, ao afirmar que "nada é móvel ou imóvel, negociável ou *extracommercium*, expropriável, sem estar no interior de relações jurídicas em sentido amplo".

Isso não significa que a incidência tributária seja possível somente quando o negócio existir juridicamente, *i.e.*, for válido. À vista do que prescreve o art. 118 do CTN, que analisaremos mais adiante (item 5.3), essa existência jurídica do negócio não se faz necessária para a incidência tributária. O que se dá é algo diferente, a ocorrência tributável tem de se inserir no conceito do negócio jurídico mencionado na hipótese tributária, para que o gravame fiscal seja adequadamente constituído.

Outra não é a posição de KAREM JUREIDINI DIAS,[163] que expõe:

> Não tratamos o suporte fático como um dado da realidade marcado pelo jurídico, mas recebemos o suporte fático como uma versão aferida pelo conjunto dos seus critérios identificadores, em face da valoração semântica de seus conceitos normatizados.

---

161. CHALHUB, Samira. *A metalinguagem*, p. 52.
162. VILANOVA, Lourival. *Causalidade e relação no direito*, p. 92.
163. DIAS, Karem Jureidini. *Fato tributário:* revisão e efeitos tributários, p. 189.

NEGÓCIO JURÍDICO NO DIREITO TRIBUTÁRIO
ENSAIO SOBRE UMA TEORIA DA SIMULAÇÃO

Assim, quando sustentamos que o negócio jurídico serve de suporte fático ao fato jurídico tributário, estamos aludindo a esses fatos como aquelas "referências conceituais a fatos-do-mundo",[164] e não como dados integrantes do sistema jurídico. A intertextualidade de que falamos é conceitual e não institucional.

Pois bem. É certo que essa relação dialógica[165]– ou simplesmente intertextual[166] – entre o conceito de determinado negócio jurídico e certo enunciado fático ocorre em qualquer discurso. Mas, no direito tributário, tal dado se mostra bastante relevante, seja pela quantidade de hipóteses de incidências que se referem a negócios jurídicos,[167] como também pela importância desses conceitos de direito privado na delimitação do fato jurídico tributário. Eis a razão pela qual o art. 110 do CTN[168] veda ao legislador tributário alterar o conteúdo dos conceitos de direito privado, utilizados nos textos constitucionais e nas leis orgânicas municipais. Sabe o legislador nacional que alterar o conceito de direito privado, constante de um enunciado da ordem tributária, implica alterar o significado desse enunciado.

---

164. VILANOVA, Lourival. *As estruturas lógicas e o sistema do direito positivo*, p. 65.

165. José Luiz Fiorin destaca que "todo enunciado é dialógico", isto é, "todo enunciado constitui-se a partir de outro enunciado" (*Introdução ao pensamento de Bakhtin*, p. 24).

166. Embora critique a sinonímia estabelecida entre "dialogismo" e "intertextualidade", José Luiz Fiorin admite-a como usual (*Introdução ao pensamento de Bakhtin*, p. 52).

167. Uma breve amostra, coletada em poucos minutos de leitura do texto constitucional, demonstra que são vários os aspectos materiais da hipótese de incidência tributária que são construídas a partir dum negócio jurídico, como no caso do ICMS, ISS, ITBI, IPI, IOF, II e IE.

168. Art. 110. A lei tributária não pode alterar a definição, o conteúdo e o alcance de institutos, conceitos e formas de direito privado, utilizados, expressa ou implicitamente, pela Constituição Federal, pelas Constituições dos Estados, ou pelas Leis Orgânicas do Distrito Federal ou dos Municípios, para definir ou limitar competências tributárias.

CAPÍTULO 4
O PROBLEMA DA VERDADE NO NEGÓCIO JURÍDICO

Em linhas gerais, verdadeiro é enunciado que se reporta adequadamente ao acontecimento relatado, e falso o que se reporta inadequadamente. Isso não pode ser dito sem uma ressalva: a proposição que descreve uma ocorrência qualquer somente é adjetivada como verdadeira a partir de outras proposições,[169] pois não podemos compará-la com seu objeto; esse, em estado bruto, é incompreensível. FABIANA DEL PADRE TOMÉ expõe melhor ao dizer que a verdade é uma relação de correspondência "entre as próprias palavras, ou seja, entre linguagens".[170]

Essa concepção do que venha a ser verdade não minimiza um problema que estamos abordando desde o início do trabalho, sobre qual tipo de enunciado pode ser classificado como verdadeiro ou falso. Considerar a verdade como uma relação de representação entre palavras – palavra representando

---

169. "Compara-se a realidade com a proposição [e] somente por isso a proposição pode ser verdadeira ou falsa, enquanto é uma figuração da realidade" [Aforismos identificados, respectivamente, pelos nos 4.05 e 4.06 na obra de Ludwig Wittgenstein, *Tractatus Logico-Philosophicus* (1921), Trad.: José Arthur Giannotti, São Paulo: Companhia Editora Nacional – Editora da Universidade de São Paulo, 1968].

170. TOMÉ, Fabiana Del Padre. *A prova no direito tributário*, p. 15.

palavra –, e não entre palavra e coisas – palavra representando coisas –, não amansa a feroz dúvida: quando uma palavra tem a capacidade de representar algo?

A tese de Austin de que essa capacidade representativa estaria confinada aos enunciados constatativos, do que se viu, somente pode ser considerada de forma relativa, e não absoluta. O que não faz dela uma resposta ruim; é boa, apenas vem com uma advertência: os enunciados constatativos, sujeitos aos valores verdade e falsidade, são aqueles em que predomina a função representativa, a de dizer algo; não são puramente constatativos, mas são mais constatativos do que performativos. No inverso, os enunciados performativos, que não estão sujeitos aos valores verdade e falsidade, estão destacados pela função predominante de fazer algo; também não são puramente performativos, mas são mais performativos do que constatativos.

Por isso, os valores verdadeiro e falso são aplicáveis aos enunciados a depender dos fins e propósitos da investigação.[171] A teoria dos atos de fala nos auxilia a compreender exatamente isso, pois a depender de qual dimensão do ato de fala nos ocupamos, dizer (locucionária) ou fazer (ilocucionária), poderemos invocar os predicados verdadeiro e falso. Se restringirmos nossa atenção ao conteúdo proposicional do ato de dizer – predominante nos enunciados constatativos –, a verdade e falsidade aparecem como predicados úteis à análise. Por outro lado, se nos focamos sobre a ação que esse ato realiza – predominante nos enunciados performativos –, os predicados bem-sucedido e malsucedido é que importam.

Ilustremos a partir do exemplo de Elizabeth Anscombe[172] sobre uma lista que contenha os seguintes termos: feijão, manteiga, toucinho e pão, que tenha sido entregue a determinado homem, pela sua esposa, com o objetivo de lhe ordenar

---

171. "No caso de se fazer uma declaração verdadeira ou falsa, tanto quanto no caso de se aconselhar bem ou mal, os fins e propósitos do proferimento, assim como seu contexto, são importantes" (Austin, John L. *Quando dizer é fazer*, p. 118).

172. *Apud* Searle, John R. *Expressão e significado estudos da teoria dos atos da fala*, p. 5.

quais itens devem ser adquiridos no supermercado. Considere-se, também, que essa lista tenha sido elaborada por um detetive que seguia tal homem no supermercado e anotou tudo o que ele comprou. O conteúdo proposicional da lista é idêntico, mas os propósitos com que cada uma foi expedida são completamente diferentes. A lista da esposa tem uma função muito mais performativa do que constatativa, enquanto que na lista do detetive fala mais alto a função constatativa.

Sabendo dos propósitos da esposa, seria útil que o homem lhe perguntasse se a lista era verdadeira ou falsa? Evidente que não, isso seria tão sem sentido que muito provavelmente a esposa, vendo a indagação como um desacato, repreenderia o marido de uma forma muito particular. De outro modo, recebendo a lista das mãos do detetive, a primeira pergunta a ser feita seria sobre sua veracidade.

Assim, os predicados verdade e falsidade são atribuíveis aos enunciados jurídicos somente quando neles predominam as funções constatativas.

E mais: esses predicados aparecem no discurso que opera em função metalinguística, ou seja, tenha os enunciados jurídicos por objeto, como é o caso, *v.g.*, do discurso de motivação de um enunciado que revogue outro enunciado. A sentença entende que a aferição de renda não se deu tal como denotado no fato jurídico tributário veiculado pelo auto de infração, então se invalida o auto porque o fato narrado foi tomado como falso. Eis porque se fala em verdade no enunciado, e não do enunciado.[173]

Destarte, "é essencial entender que 'verdadeiro' e 'falso', como 'livre' 'não livre', não designam, de forma alguma, algo simples".[174] São predicados que podem ser atribuídos aos diversos prismas em que um enunciado pode ser analisado.

---

173. "Se, com essa postura, ainda não há lugar para a verdade definitiva, ou a verdade *do* discurso, há lugar para a verdade definitiva, ou a verdade *do* discurso, há lugar para a verdade *no* discurso, ou seja, a verdade em nome da qual se fala" (McNAUGHTON, Charles. *Elisão e norma antielisiva*, p. 176).

174. Austin, John L. *Quando dizer é fazer.*, p. 119.

Ciente disso, é que devemos abordar a verdade ou falsidade dos enunciados negociais considerando a função que lhes é predominante: a de realizar uma ação performativa.

4.1 Verdade nos enunciados negociais

Vamos tratar o tema da verdade sobre os enunciados negociais comparando-os com enunciados fáticos. Para isso, voltaremos aos exemplos (1) – certidão de nascimento, da p. 26 e (2) – nota promissória, da p. 27:

Em posse desses exemplos, precisamos saber quais as indagações sobre a verdade são pertinentes.

Consideremos que ambos os enunciados são jurídicos, porque suas respectivas enunciações enunciadas realizam uma ação performativa deôntica de 1° nível, incutindo-lhes um "dever ser", o que afasta desse conjunto enunciativo a classificação verdade-falsidade.

De outro giro, posso querer saber se realmente a certidão de nascimento retratada em (1) foi emitida por Hermes da Fonseca, ou se a promessa de Walt Disney foi realizada em 1° de janeiro. Nesse caso, seria pertinente submeter as informações constantes das respectivas enunciações enunciadas aos valores verdade-falsidade. E como isso é possível? Como a enunciação enunciada pode ora se sujeitar aos valores verdadeiro e falso, e ora não se sujeitar?

A resposta pede que retomemos ao item 1.4.1, onde dissemos que a enunciação enunciada veicula a norma introdutora de normas, que tem no termo antecedente um relato da enunciação, e no termo consequente a imposição dos enunciados introduzidos como um "dever-ser". O primeiro, cumprindo uma função constatativa, sujeita-se aos valores verdade-falsidade, o segundo não, porque exerce uma função performativa.

Quanto ao enunciado enunciado de (1) – o relato do nascimento de Ruy Barbosa –, podemos classificá-lo quanto ao binômio verdadeiro-falso. O mesmo não se dá sobre o enunciado

enunciado de (2), em que Walt Disney do Brasil S/A realiza a ação negocial de prometer a Zé Carioca um pagamento.

Portanto, em (1) poderíamos perguntar se Ruy Barbosa nasceu em Salvador; se a data do seu nascimento foi 5 de novembro de 1849 e se seus pais eram João José Barbosa de Oliveira e Maria Adélia Barbosa de Almeida. Poderíamos ainda perguntar se a certidão de nascimento foi realmente lavrada no dia 10 de janeiro do mesmo ano, pelo Tabelião Hermes da Fonseca. Enfim, indago sobre o evento do nascimento de Ruy Barbosa relatado no enunciado enunciado como sobre o evento de enunciação da certidão de nascimento relatado pelo termo antecedente da enunciação enunciada, ficando fora de questão a ação performativa de 1° nível realizada pelo termo consequente da enunciação enunciada.

Em (2), me resta indagar sobre o evento da enunciação que está retratado no termo antecedente da enunciação enunciada. A nota foi emitida em 1 de janeiro de 1999? Foi emitida por Walt Disney do Brasil S/A? O local da emissão foi o Rio de Janeiro? Não cabendo direcionar questão dessa natureza à ação performativa de 1° nível realizada pelo termo consequente da enunciação enunciada, e tampouco à ação performativa de 2° nível realizada pelo enunciado enunciado negocial.

Assim, em (1), os valores verdade e falsidade podem ser atribuídos tanto ao termo antecedente da enunciação enunciada como ao enunciado enunciado, enquanto em (2) podem sê-lo somente ao termo antecedente da enunciação enunciada.

Isso nos leva a restringir o debate da verdade no negócio jurídico ao termo antecedente da enunciação enunciada, pois o enunciado enunciado negocial não diz nada, ele faz, realiza a ação negocial, não se sujeitando a tal valoração, exceção feita às analogias entre ações negociais, tratadas na sequência.

4.2 A verdade na analogia de ações negociais e o dilema "forma e conteúdo"

Sobre a verdade no enunciado negocial temos uma questão pendente: a ação negocial jurídica se colocada em comparação com outra, como um signo associativo seu, tal qual expusemos no item 1.4.2.1, poderia ser predicada como verdadeira ou falsa, a depender do seu grau de semelhança com essa segunda ação performativa?

Sim, pois se atribuímos a essa ação performativa a possibilidade de ostentar um caráter representativo, *i.e.*, uma dimensão locucionária (do dizer), ainda que sob a condição de signo associativo, é possível predicar essa ação como falsa ou verdadeira, a depender da adequação com que representa seu objeto – a ação tomada como paradigma.

Há um requisito para isso: o intérprete deve proceder a um juízo de valoração, que consiste em atribuir à ação negocial jurídica a qualidade de funcionar como um signo associativo de uma outra ação negocial, em regra socioeconômica.

Esse é o modo como o predicado verdade tem sido usado em situações semelhantes à seguinte:

> No caso em tela, há claros indicativos da existência de ato simulado. **A incorporação da ZYX pela XYZ existiu apenas no papel**, tanto é que, no mesmo ato, a **incorporadora assumiu a razão social da empresa incorporada, transferindo-se para a sede desta última.** Ademais, conforme relatou a decisão DRJ/PAE 14/0239/99 (fls. 665/666), há diversos outros indícios que dão sustentação a tal conclusão, merecendo menção os que seguem: (a) a empresa incorporadora tinha expressivo saldo de prejuízos acumulados, e incorporou uma empresa com lucros acumulados e perspectivas de resultados favoráveis no exercício; (b) a empresa incorporadora, na ocasião da incorporação, não possuía mais sede, havendo vendido seus equipamentos industriais; (c) a estrutura acionária resultante após a incorporação é idêntica àquela existente na incorporada, antes da reorganização, tanto quanto às pessoas, quanto ao percentual de suas participações

no capital desta; (d) os membros do Conselho de Administração da incorporadora renunciaram, assumindo em seu lugar os da incorporada.[175]

Ora, em se tratando de enunciado negocial, que tem por função predominante realizar uma ação negocial, o que significa existir somente "no papel"? O papel não é, em casos como esse, o suporte material que veicula o enunciado, ou seja, sua dimensão física? Assim, se toda vez que se veicula um enunciado negocial pelo papel realiza-se uma ação negocial, como dizer que essa ação negocial não existe?

Parece-nos claro: a afirmação leva em conta dois planos. O plano jurídico, pejorativamente chamado de "só no papel", e o plano socioeconômico, onde foram coletadas as informações de que a razão social da incorporada foi assumida pela incorporadora e que a sede daquela passou a ser a sede desta. Em outras palavras: realizou-se uma ação negocial no plano socioeconômico que não se assemelhava àquela realizada no plano jurídico. Não houve associação, houve dissociação. Mas aí não é o caso de se falar que a ação negocial formal-jurídica não existe; ela existe, só não se equivale àquela outra tomada como paradigma.

Situações desse jaez têm se notabilizado no direito tributário como um problema de forma e conteúdo. Afirmar que a incorporação existiu somente no papel corresponde a acusar que a incorporação tinha somente forma, mas não conteúdo de incorporação.

E quando isso se faz possível? Isto é, quando se pode ter forma sem conteúdo? PAULO DE BARROS CARVALHO[176] tem

---

175. Fundamentos do juízo de primeira instância que foram incorporados ao Acórdão lavrado nos autos dos Embargos de Declaração em Apelação Cível de nº 2004.71.10.003966-0/RS, Relator Des. Federal Joel Ilan Paciornik. Grifamos. Para preservar a identidade das partes litigantes seus nomes foram substituídos por siglas fictícias.

176. XI Congresso Nacional de Estudos Tributários, 2014, São Paulo.

reiteradamente insistido que não se pode, forma e conteúdo caminham juntos,[177] pois o conteúdo é a forma interpretada.

Desse modo, sustentar que em determinados casos há forma sem conteúdo, é colocar-se diante de um dilema, pois afirmar que há forma implica afirmar que há conteúdo, enquanto a negativa de que há conteúdo implica a negativa de que há forma.[178]

Em rigor, quando se coloca a questão nos moldes do julgado em destaque, o debate se dá entre conteúdo e conteúdo, cada qual veiculado por formas diferentes. A ação negocial jurídica é veiculada pelo documento que dá suporte físico ao enunciado negocial que a realiza, enquanto que a ação negocial socioeconômica é veiculada pelo documento que dá suporte físico ao enunciado probatório que a relata.

Notem a diferença: a ação jurídica é realizada pelo enunciado negocial jurídico; a ação socioeconômica é realizada por enunciados socioeconômicos e relatada por enunciado fático-jurídico-probatório.

Dessa maneira, quando se diz que um negócio jurídico não é verdadeiro porque é só formal, o que se está fazendo é comparar a ação negocial correspondente com outra realizada em plano distinto, de modo a acusar a ausência de semelhança entre elas. E se não há semelhança, o negócio jurídico não representa o negócio socioeconômico, sendo falso.

Põe-se então a questão: quais os planos que o intérprete pode eleger para proceder a uma associação por semelhança com o negócio jurídico? Essa escolha é arbitrária? De um

---

177. V. nota de rodapé 136.

178. "[Dilema] semelhante contava-se a respeito de Protágoras, que levou a juízo seu discípulo Evatlos, de quem deveria receber honorários quando vencesse a primeira causa. Protágoras achava que Evatlos deveria pagar-lhe em qualquer caso: se [Evatlos] vencesse, por causa do pacto, e se perdesse por causa da sentença, que o obrigaria a pagar. Mas Evatlos pôde responder-lhe: 'Não te pagarei em caso algum: ser perder, por causa do pacto; se vencer, por causa da sentença'" (ABBAGNANO, Nicola. *Dicionário de filosofia*, p. 326-327).

modo geral sim, mas pensamos que não pode sê-lo no direito. A associação cabe ali onde houver disposição, permitindo-a. A ação performativa paradigma tem de ser escolhida pelo direito positivo, como faz o art. 1.515 do CC, de forma que ali onde o direito positivo não exige tal semelhança, a questão da verdade do negócio jurídico, como ação performativa formal-jurídica, não tem lugar, restringindo-se o tema à discussão sobre a verdade da enunciação enunciada dos enunciados negociais.

4.3 Insinceridade nos enunciados negociais

Não se pode tomar o problema da sinceridade do enunciado como sendo um problema da sua verdade. Confundir essas duas situações consiste em misturar "o que pensamos que as coisas sejam – por exemplo, pensar que alguém seja culpado, que tenha realizado o ato, que o mérito seja seu, ou que tenha realizado a proeza – com o fato de que as coisas realmente sejam como pensamos".[179]

Dizer o que pensamos é um ato sincero, seu contrário um ato insincero. Se o que dizemos corresponde ao modo de ser das coisas, temos um enunciado verdadeiro, contraposto pelo enunciado falso.

Insincero, então, é o que se diz do enunciado constatativo que decorre de uma mentira, bem como do enunciado performativo proferido sem qualquer intenção de se realizar a ação performativa. Mas, se o enunciado constatativo pode ser analisado sob o prisma da sinceridade e da verdade, não o pode o enunciado performativo, restrito que está à discussão sobre sua sinceridade.

Ao afirmar que a "rosa é vermelha" posso estar mentindo, sendo insincero, porque acredito que a rosa é rosa, mas estar falando a verdade, porque a rosa, sob o olhar de um botânico, tem coloração mais próxima da vermelhidão. Em

---

179. AUSTIN, John L. *Quando dizer é fazer*, p. 49.

contrapartida, ao declarar "essa rosa é a expressão do meu amor" posso ser julgado apenas sob a sinceridade do meu proferimento, eis que em se tratando de um proferimento performativo expressivo, com ele realizo a ação de expressar um sentimento, não havendo nada mais, além dos meus sentimentos, que possa ser verificado pelo intérprete.

Daí se pode ver que o problema da sinceridade nos enunciados performativos é bem mais complexo; a mentira podemos desmentir, mas e a falta de intenção? Até que ponto a insinceridade do ato performativo – a falta de intenção em realizá-lo – pode atingir sua performance? Lembre-se: o noivo que diz "aceito" no altar, querendo ou não, se casou.

Austin[180] admitiu que o tema era difícil e, a nosso ver, nesse quesito deixou alguns fios soltos. Foram os estudos desenvolvidos depois dele, por Searle, que ofereceram melhores explicações ao problema das intenções dos enunciados performativos. Dessa fonte que nos servimos no capítulo 6 para amarrar o que precisa ser amarrado sobre os efeitos dos enunciados negociais insinceros, *i.e.*, com falha de intenção. Antes, precisamos passar pelo tema da validade.

---

180. AUSTIN, John L. *Quando dizer é fazer*, p. 50.

CAPÍTULO 5

VALIDADE DO NEGÓCIO JURÍDICO

Por "validade" tomam-se vários conceitos. Boa parte deles gravitam, no entanto, em torno da ideia de que validade é o divisor do que é direito do que não é. Nesse sentido, só cabe falar em "validade" quando em face de algo.[181] Isso porque ao dizer que uma proposição prescritiva vale, estamos dizendo que ela vale em determinado sistema, como nos revela PAULO DE BARROS CARVALHO:[182]

> É intuitivo crer que a validade se confunde com a existência, de sorte que afirmar que u'a norma existe implica reconhecer sua validade, em face de determinado sistema jurídico. Do que seja pode inferir: ou a norma existe, está no sistema e é, portanto, válida, ou não existe como norma jurídica.

Ou seja, validade não é encarada como predicado da norma ou do enunciado, mas como condição de suas existências em determinado sistema. Pertencer a esse sistema é ser válido. No caso, pertencer ao sistema jurídico é ser enunciado jurídico válido, ou, simplesmente, ser enunciado jurídico.

---

181. Por isso Tárek Moysés Moussallem diz que "o enunciado descritivo 'A norma N é válida' carece de sentido se não fizer referência a um sistema normativa específico" (*Revogação em matéria tributária*, p. 182).

182. CARVALHO, Paulo de Barros. *Direito tributário, linguagem e método*, p. 404.

Eis um ponto de tensão muito claro entre a teoria do direito público e do direito privado, essa separa a existência da validade,[183] como se um enunciado pudesse existir no mundo jurídico sem nele valer.

Há também outro ponto a se considerar para a separação promovida pelo direito privado entre validade e existência, a de que essa divisão decorre do desejo em se separar a nulidade de um ato conforme a gravidade do ilícito; se muito grave dá-se a inexistência, menos grave dá-se a invalidade.[184]

Essa retórica não nos convence, porque mantém inabalável a noção de que ser jurídico é ser um "dever-ser" válido nesse sistema. Não podemos confundir a existência de um

---

183. "Ao sofrer a incidência de norma jurídica juridicizante, a parte relevante do suporte fáctico é transportada para o mundo jurídico, ingressando no plano da existência [...]. Se o fato jurídico existe e é daqueles em que a vontade humana constitui elemento nuclear do suporte fáctico (ato jurídico *stricto sensu* e negócio jurídico) há de passar pelo plano da validade, onde o direito fará a triagem entre o que é perfeito (que não tem qualquer vício invalidante) e o que está eivado de defeito invalidante" (MELLO, Marcos Bernardes de. *Teoria do fato jurídico, plano da existência*, p. 154-155) e "Plano da existência, plano da validade e plano da eficácia são os três planos nos quais a mente humana deve sucessivamente examinar o negócio jurídico, a fim de verificar se ele obtém plena realização" (AZEVEDO, Antônio Junqueira de. *Negócio jurídico:* existência, validade e eficácia, p. 24).

184. "A ideia de atos inexistentes, em virtude da falta de um elemento constitutivo, surgiu na Alemanha e foi desenvolvida da doutrina francesa, como forma de superar a dificuldade gerada pelo princípio de segurança jurídica, segundo o qual as nulidades deveriam vir expressas no texto legal (*pas de nullité sans texte*). Seu campo de aplicação, inicialmente, foi o direito matrimonial, servindo para retirar do mundo jurídico, como maior eficiência, as hipóteses de casamento sem consentimento, sem autoridade competente ou entre pessoas do mesmo sexo. Em tais casos, não haveria nulidade cominada em preceito legal, que ensejaria demorada ação de conhecimento, mas inexistência do negócio jurídico" (TEPEDINO, Gustavo; BARBOZA, Heloisa Helena e MORAES, Maria Celina Bodin de. *Código Civil interpretado conforme a Constituição da República*, p. 311). Exatamente nesse sentido é que Marcos Bernardes de Mello pontua: "o casamento realizado perante quem não tenha autoridade para casar, um delegado de polícia, por exemplo, não configura fato jurídico e, por isso, não existe, simplesmente porque, faltando um elemento completante de seu núcleo (autoridade com poder para celebrar matrimônio), seu suporte fáctico não se materializa. Não se há de discutir, assim se é nulo ou ineficaz, nem se precisa ser desconstituído judicialmente, como costumam fazer os franceses, porque a inexistência é o *não ser* que, portanto, não pode ser qualificado" (*Teoria do fato jurídico, plano da eficácia*, p. 154-155).

enunciado num sistema qualquer, com sua existência no sistema jurídico, pois existir juridicamente equipara-se a valer juridicamente; a separação não se dá.

Isso não muda a dura questão: qual o critério capaz de determinar que enunciado prescritivo é jurídico? Ou ainda: o que faz um enunciado valer no sistema jurídico?

Não basta dizer que enunciado válido é aquele que pertence ao sistema jurídico, precisamos saber o que determina essa inserção do enunciado como algo válido no sistema jurídico, pois "um conjunto não se constitui sem critério-de-pertinência".[185]

Aí a divergência impera. O critério de validade pode ser visto somente como a conformidade do processo de enunciação[186] ou também como a conformidade do enunciado.[187] Nosso Código Civil disciplinou o tema no seu art. 104, de seguinte teor:

> Art. 104. A validade do negócio jurídico requer:
>
> I – agente capaz;
>
> II – objeto lícito, possível, determinado ou determinável;
>
> III – forma prescrita ou não defesa em lei.

Por esse dispositivo pode-se ter a impressão de que a disputa está resolvida. Os pressupostos de validade compreenderiam tanto a conformidade da enunciação (incisos I e III) como do enunciado (inciso II). Infelizmente, as coisas são mais complicadas.

---

185. VILANOVA, Lourival. *As estruturas lógicas e o sistema do direito positivo*, p. 267.

186. "A proposição normativa universal é válida desde o momento que foi posta segundo o procedimento (normativamente) estabelecido pelo sistema jurídico – na lei, em sentido formal ou orgânico, depois da votação pelo órgão legislativo, e da sanção, promulgação e publicação pelo órgão executivo." (VILANOVA, Lourival. *As estruturas lógicas e o sistema do direito positivo*, p. 101).

187. Pontes de Miranda elege como pressuposto de validade do negócio jurídico, além da competência do agente e da adequação da forma, a licitude e possibilidade do objeto (*Tratado de direito privado*, v. IV, p. 35-36).

"Válido" é termo que denota um conceito, e como tal não pode ser delimitado pelo legislador, pois como anunciou Geraldo Ataliba: a lei não tem nenhuma função de formular conceitos teóricos.[188] Essa afirmação põe entre parênteses que o direito positivo é objeto da Ciência do Direito, de modo que tudo que consta desse estrato de linguagem está em posição de ser definido pela Ciência do Direito.

Assim, por mais que o legislador se esforce em criar conceitos, suas prescrições estarão sempre sujeitas a uma linguagem de sobrenível, que para descrever seu objeto não analisará o conteúdo da mensagem prescritiva isoladamente, mas todo o resto do sistema do direito posto.[189] Melhor dizendo: se o legislador conceitua determinado instituto, seu conceito C estará sujeito a um novo conceito C', que descreverá o conceito C frente ao sistema jurídico. Eles podem coincidir? Sim, podem, embora raramente isso ocorra. Vamos ver se é o caso do art. 104 do Código Civil.

De início, cabe advertir que temos que ter cuidado com o emprego do termo "validade" no Código Civil, até porque, como se sabe, a linguagem do legislador é institucional, falta-lhe rigor técnico, o que fica evidente pela leitura do *caput* e § 2º do art. 167 do Código Civil,[190] que nos permite indagar: como pode um negócio perder a validade (se tornar nulo) pela simulação e continuar a produzir efeitos para terceiros de boa-fé?

---

188. *Hipótese de incidência tributária*, p. 31.

189. Tal discurso, eminentemente descritivo, fala de seu objeto – o direito positivo – que, por sua vez, também se apresenta como um estrato de linguagem, porém de cunho prescritivo. Reside exatamente aqui uma diferença substancial: o direito posto é uma linguagem *prescritiva* (prescreve comportamento), enquanto a Ciência do Direito é um discurso *descritivo* (descreve normas jurídicas). (CARVALHO, Paulo de Barros. *Curso de direito tributário*, p. 3.).

190. Art. 167. É nulo o negócio jurídico simulado, mas subsistirá o que se dissimulou, se válido for na substância e na forma.
[...]
§ 2º Ressalvam-se os direitos de terceiros de boa-fé em face dos contraentes do negócio jurídico simulado.

Inconsistências como essa nos recomendam advertir que nas linhas que seguem estaremos depurando o termo "validade" como termo paralelo à "existência jurídica", e sob o enfoque dado pelo art. 104 do CC.

Pois bem, entendemos que o tema da validade pode ser separado, assim com os atos de fala, em duas dimensões: a validade do enunciado negocial, da declaração em si, e a validade da ação negocial, do negócio jurídico propriamente dito.

5.1 Validade do enunciado negocial

A validade do enunciado negocial fica bem explicada pela teoria que tomou conta do direito tributário: "ser norma válida quer significar que mantém relação de pertinencialidade com o sistema 'S', ou que nele foi posto por órgão legitimado a produzi-la, mediante procedimento estabelecido para esse fim".[191]

Olha-se assim para os pressupostos da enunciação como critério de identificação da validade de certo enunciado, e não para o conteúdo por ele veiculado. Sua enunciação se deu pela a autoridade e procedimento previsto? Sim. Então ele é válido.

Vejamos. "Não mate", eis uma expressão de cunho prescritivo e que expressada dessa maneira, sintática e semanticamente reduzida, nada revela sobre o sistema a que pertence. Sabendo ser a veiculada pela Bíblia, tomo-a como uma regra religiosa. Por outro lado, se veiculada pelo Código Penal, sei que se trata de uma regra jurídica. Em ambos os casos, preciso perguntar "quem" e "como" foi enunciada a norma para descobrir a qual sistema pertence.

Sob essa ótica, validade aparece como critério de pertinência a um sistema e, para tanto, basta que o enunciado tenha sido inserido nesse sistema por autoridade competente e procedimento adequado; pouco importa seu objeto.

---

191. CARVALHO, Paulo de Barros. *Direito tributário, linguagem e método*, p. 403-404.

E não vemos por que deveria ser diferente, afinal, o apito do juiz que equivocadamente acusa o impedimento decide o campeonato de uma forma tal, que nem o protesto da torcida o pode impedir.[192]

Essa tomada de postura sempre gera muita controvérsia, terão aqueles que não conseguem admitir como um contrato que constitui uma dívida de jogo possa ser válido no sistema jurídico.[193]

A hipótese remexe nossos instintos. Contudo, talvez ela seja melhor digerida se lembramos do que afirmamos segundos atrás: há a validade do enunciado negocial e há a validade da ação negocial. Até agora nos ocupamos da validade do enunciado negocial, na análise da validade do fazer, da ação performativa realizada pelo enunciado negocial, essa questão provavelmente ficará menos amarga.

Ainda nesse tópico, precisamos enfatizar que, no direito privado, o binômio autoridade competente e procedimento adequado denota um número significativo de possibilidades, pois a norma que atribui competência aos particulares para realizar negócios jurídicos é, devido aos princípios da autonomia privada e liberdade das formas, bastante abrangentes.[194] Isso leva a concluir que a edição de enunciados negociais, sob

---

192. Ao firmar essa posição quanto à validade do enunciado negocial, estamos enaltecendo a posição do falante (juiz ou torcida), diferente resultados poderíamos colher se abordassem o tema sob a perspectiva do ouvinte (o jogador) como muito bem sugere Torquato Castro Jr., que, discorrendo sobre a inexistência, nulidade e ineficácia do ato jurídico, muda o panorama da discussão, sustentando que "o ato inexistente corresponde à atitude de resposta do órgão decisor em face de uma mensagem que ele rejeita como mensagem ou seja, desconfirma sua natureza de mensagem. O ato nulo corresponde àquele em que o decisor reconhece tratar-se de uma mensagem, mas recusa-se a aceitar o conteúdo. O ato ineficaz é aceito como mensagem e conteúdo, mas os efeitos são deliberadamente suspensos pela autoridade decorosa" (*A pragmática das nulidades e a teoria do ato jurídico inexistente*, p. 175-176).

193. "Desse modo, não há que se diferenciar, no plano da validade, se a ilicitude é civil, penal ou de outra ordem, pois um negócio jurídico que tenha por objeto algo proibido em lei não terá validade" (TEPEDINO, Gustavo; BARBOZA, Heloisa Helena e MORAES, Maria Celina Bodin de. *Código Civil interpretado conforme a Constituição da República*, p. 311)

194. V. item 2.1.

o prisma da validade, é muito menos controlada do que a edição de enunciados fáticos-tributários.

Por fim, sobre a relação normalmente estabelecida entre a insinceridade[195] do enunciado e sua validade, não vemos como essa pode ser contaminada por aquela.[196] No máximo, a falta de sinceridade da enunciação pode ser usada como motivação do enunciado revogador de determinado negócio jurídico.

Assim, se dois sujeitos, valendo-se do princípio da autonomia de vontade[197] pactuam um acordo por meio de um enunciado negocial, esse enunciado é válido. E, tratando-se o negócio de uma confissão de dívida entre pai e filho, em que o pai não tem, desde seu pacto, a mínima intenção de cobrar o filho, isso nada tem quer ver com a validade do enunciado negocial; é uma questão de insinceridade da enunciação. Essa insinceridade, pode, em alguns casos, dar causa à revogação desse negócio jurídico? Pode, mas isso depende do direito positivo, e não é uma imperatividade lógica acerca da validade.

---

195. V. item 4.3.

196. Falando de forma semelhante, mas aludindo à vontade das declarações negociais – que como vimos contaminam a sinceridade e não a verdade dessas – Antônio Junqueira de Azevedo diz: "[...] *vontade e causa, como veremos, não fazem parte do negócio jurídico*, isto é, o negócio existe independentemente delas (plano da existência); uma e outra são somente *meios de correção do negócio*, no sentido de que elas, agindo de fora do negócio, seja no plano da validade, seja no da eficácia, evitam, ora mais, ora menos, efeitos não queridos (isto é, ou não queridos subjetivamente, pelo agente – vontade, ou não queridos *objetivamente*, pela ordem jurídica – causa) (*Negócio jurídico*: existência, validade e eficácia, p. 22).

197. Emilio Betti reconhece a autonomia privada como o exercício de poder capaz de criar, modificar e extinguir relações jurídicas entre particulares. (*Teoria geral do negócio jurídico*, p. 81). Em sentido semelhante, Pontes de Miranda alude à autonomia de vontade com o poder de "compor o suporte fático dos atos jurídicos com o elemento nuclear da vontade" (*Tratado de Direito Privado*, v. III, p. 83). Nesses termos, vemos que o princípio da autônoma de vontade é o fundamento para o 'uso' da autoridade, acometido ao particular para expedir normas jurídicas, embora Betti hesite em reconhecer essa iniciativa como fonte de normas jurídicas (*Teoria geral do negócio jurídico*, p. 83).

5.2 Validade da ação negocial

Ao separarmos a validade do enunciado negocial da validade da ação negocial, queremos destacar que essa ação, e consequentemente, o negócio jurídico, podem ser inválidos mesmo se o enunciado negocial for validamente instituído por autoridade competente e procedimento adequado. Obviamente, quando isso não se der, a discussão nem chega a esse ponto, pois a invalidade do enunciado negocial contamina a validade da ação por ele realizada.

E de qual fator depende a validade da ação negocial além daqueles (autoridade e procedimento) importantes à validade do enunciado negocial?

Depende da possibilidade do seu objeto. Não porque assim prescreve o inciso II do art. 104 do Código Civil, mas porque a concretização das ações performativas, como regra geral, depende da possibilidade do seu objeto.

A teoria de Austin, levou em conta aquilo que ele chamou de "circunstâncias ordinárias", desconsiderou os enunciados emitidos fictamente ou sem sentidos de referência,[198] como enunciados performativos. Em hipóteses tais, entendia o autor que a ação performativa não se realizava, como revela o seguinte trecho de sua obra:[199]

---

198. "[...] os performativos enquanto proferimentos herdam também outros tipos de males que infectam todo e qualquer proferimento. Estes, porém, embora possam ser enquadrados em uma regra mais geral, foram, no momento, deliberadamente excluídos. O que quero dizer é o seguinte: um proferimento performativo será, digamos, sempre vazio ou nulo de uma maneira peculiar, se dito por um ator no palco, ou se introduzido em um poema, ou falado em um solilóquio etc. De modo similar, isto vale para todo e qualquer proferimento, pois (sic) trata-se de uma mudança de rumo em circunstâncias especiais. Compreensivelmente a linguagem, em tais circunstâncias, não é lavada ou usada a sério, mas de forma parasitária em relação a seu uso normal, forma esta que se inclui na doutrina do estiolamento da linguagem. Tudo isso fica excluído de nossas considerações. Nossos proferimentos performativos, felizes ou não, devem ser entendidos como ocorrendo em circunstâncias ordinárias" (AUSTIN, John L. *Quando dizer é fazer*, p. 36).

199. AUSTIN, John L. *Quando dizer é fazer*, p. 114.

NEGÓCIO JURÍDICO NO DIREITO TRIBUTÁRIO
ENSAIO SOBRE UMA TEORIA DA SIMULAÇÃO

> Já notamos o caso de uma declaração putativa que pressupõe (como se diz) a existência daquilo a que se refere. Se tal coisa não existe, "a declaração" não se refere a nada. Alguns dizem que em tais circunstâncias, se, por exemplo, se afirma que o atual rei da França é careca, "não surge a questão de ser careca ou não". Mas é melhor dizer que a pretensa declaração é nula e sem valor, tal como quando digo que vendo algo a outra pessoa, mas o objeto não é meu ou (por haver-se queimado) já não existe mais. Os contratos são com frequência nulos porque os objetos sobre os quais versam não existem, o que envolve falta de referência (ambiguidade total).

Assim, se resolvo vender um terreno na lua, a ação não se realiza, não é válida no direito, pois seu o objeto é impossível, ainda que o enunciado negocial dessa venda tenha sido emitido validamente, *i.e.*, por autoridade e procedimento adequado.

Invertendo-se a situação, poderíamos cogitar que um incapaz tenha vendido um terreno localizado na Av. Paulista. Nesse caso, o objeto é plenamente possível, mas a ação negocial não se concretiza como um negócio jurídico válido, porquanto o enunciado que a veiculou está fora do sistema jurídico.

Esse registro final quer enfatizar que para a validade do negócio jurídico temos que considerar a validade do enunciado negocial, determinada pela autoridade e procedimentos enunciativos juridicamente adequados, e a possibilidade (jurídica inclusive) do objeto da ação negocial.

Pelo que se disse até aqui, podemos considerar que as condicionantes da validade do enunciado negocial estipuladas no art. 104 do CC, correspondem parcialmente aos critérios apresentados. A diferença está que admitimos haver a validade do enunciado negocial se atendidos apenas os pressupostos dos incisos I e III. Por outro lado, considerando que a validade da ação negocial depende da possibilidade do objeto, inclusive jurídica, prevista no inciso II, e também da validade do enunciado negocial (incisos I e II), coincidimos em afirmar que o negócio jurídico (ação negocial formal-jurídica) depende do preenchimento dos três pressupostos apontados no dispositivo.

5.3 Repercussão da validade do negócio na constituição do fato jurídico tributário

Um problema que pode parecer uma encruzilhada para nossa tese é o da incidência de norma tributária sobre o negócio jurídico inválido. Se a validade do negócio jurídico se confunde com sua existência, o art. 118, inciso I,[200] do CTN, ao prescrever que a incidência tributária pode recair sobre negócio jurídico inválido, permitiria incidir o tributo sobre algo que não existe?

E mais, o art. 116 do CTN,[201] ao dispor que o negócio jurídico é tributado a partir de sua ocorrência, não estaria dando uma clara evidência que o negócio pode existir, e pode não ser válido?

Em outras palavras: o art. 116 exigiria que o suporte fático da incidência tributária contivesse todos os elementos necessários para existir como negócio jurídico, enquanto o art. 118 dispensaria dessa exigência as condicionantes de validade, de forma que o CTN admitira que uma coisa é o negócio jurídico existir, outra coisa é o negócio jurídico valer, contrariando o que expusemos até agora.

Estamos certo que não. As disposições devem ser encaradas sob outra ótica: autorizam que a autoridade tributária constitua fato jurídico tributário com base em negócio não jurídico. Ocorre nesse caso o fenômeno descrito no item 3.2.

---

200. Art. 118. A definição legal do fato gerador é interpretada abstraindo-se:
I – da validade jurídica dos atos efetivamente praticados pelos contribuintes, responsáveis, ou terceiros, bem como da natureza do seu objeto ou dos seus efeitos;
II – dos efeitos dos fatos efetivamente ocorridos.

201. Art. 116. Salvo disposição de lei em contrário, considera-se ocorrido o fato gerador e existentes os seus efeitos:
I – tratando-se de situação de fato, desde o momento em que o se verifiquem as circunstâncias materiais necessárias a que produza os efeitos que normalmente lhe são próprios;
II – tratando-se de situação jurídica, desde o momento em que esteja definitivamente constituída, nos termos de direito aplicável.
[...].

Note-se que o caso é de existência de negócio; mas não existência jurídica, que pressupõe a validade. Talvez por esse caminho fique mais fácil compreender o deslize da teoria do direito privado acerca da existência e validade do negócio jurídico. A afirmação de que o negócio existe e não é válido somente pode-se dar, tal qual fazemos agora, se consideramos que esse negócio existe em plano não jurídico. Se o negócio existe já como negócio jurídico sua validade se impõe.

O Código Tributário Nacional exige que o fato jurídico tributário tenha como suporte não o negócio jurídico, mas qualquer negócio, inclusive não jurídico, que conceitualmente se amolde à espécie negocial prevista na hipótese de incidência tributária.

O art. 116 se refere aos elementos que, contidos na ação negocial, permitem subsumi-la ao conceito de negócio jurídico veiculado pela hipótese de incidência tributária (compra e venda, doação, locação e etc.), enquanto o art. 118 determina que essa coincidência conceitual pode dar ensejo à constituição do fato jurídico tributário, ainda que a ação negocial não tenha sido inserida no plano jurídico.[202]

Dito de outra forma: o art. 116 aponta para a existência de um negócio que contenha todos os elementos contidos no conceito do negócio tributável, e o art. 118 aponta para a desnecessidade desse negócio estar contido no sistema jurídico.

---

202. CHARLES MCNAUGHTON propõe que o problema seja solucionado sob outra forma: "Dada essa explicação, sustentamos que o artigo 118, inciso I, do Código Tributário Nacional, quando emprega o signo 'validade', está se referindo ao que denomino de 'validade em sentido estrito', ou seja, à compatibilidade de uma determina norma com as que lhe outorgam fundamento de validade. Defendo essa ideia porque se o Código Tributário Nacional estivesse se referindo à validade do ato deve ser abstraída na qualificação do fato jurídico tributário, então deveríamos inferir que um ato inexistente, juridicamente, deveria ser tido como existente, ou seja, que o direito tributário estaria operando com ficções jurídicas. Esse resultado interpretativo me parece um contrassentido jurídico, especialmente se levarmos em consideração que o artigo 116, inciso II, do Código Tributário Nacional prescreve que a situação jurídica reputa-se ocorrida nos termos determinados pelo direito positivo" (*Elisão e norma antielisiva:* completabilidade e sistema tributário, p. 153).

As disposições se completam: o art. 118 dispensa a existência institucional, e o art. 116 exige a existência conceitual.

Consequentemente, esses dispositivos não nos colocam ante uma encruzilhada, pelo contrário, endossam o caminho adotado até aqui, em que sustentamos ser a existência do negócio no plano jurídico o mesmo que sua validade.

Bem assim, endossam que o suporte fático do fato jurídico tributário, pode ser tanto o negócio ocorrido no plano não jurídico, como o negócio ocorrido no plano jurídico.

CAPÍTULO 6
A INTENÇÃO NO NEGÓCIO JURÍDICO

6.1 Intenção prévia e intenção em ação

O primeiro passo para investigar a intenção consiste na apropriação da ideia de que a intenção se manifesta em momentos distintos.

Exploremos isso a partir do seguinte exemplo: Bill deseja afogar o gato de seu tio na manteiga. Certo dia, arrumando a mesa do café da manhã, Bill tropeça e cai sobre o gato com um pote de manteiga. Tendo-se machucado, Bill demora a se levantar. Quando consegue, percebe que o gato está morto! Ele se afogou na manteiga.

Pode-se dizer com isso que Bill concretizou sua intenção de matar o gato? E ainda, que Bill matou o gato intencionalmente? Por mais paradoxal que possa parecer, não estaria certo dizer que Bill satisfez sua intenção, mas não matou o gato intencionalmente?

Ao separar o que seria uma intenção prévia do que seria uma intenção em ação,[203] JOHN SEARLE nos ajuda a responder

---

203. "Precisamos, antes de mais nada, distinguir as intenções que são formadas

essas indagações. A primeira consiste numa intenção de fazer algo no futuro, ainda que próximo, a segunda numa intenção de fazer algo enquanto o faz. Quando digo que pretendo fazer algo, manifesto minha intenção prévia, e ao dizer que faço algo intencionalmente, manifesto minha intenção em ação. Por isso a "forma de expressão linguística característica de uma intenção prévia é 'Farei A' ou 'Vou fazer A'. A forma característica de expressão de uma intenção em ação é 'Estou fazendo A'".[204]

Voltando ao exemplo, vemos que não há paradoxo nenhum em dizer que Bill satisfez sua intenção prévia de matar o gato, mas não matou o gato intencionalmente, eis que não houve intenção na ação que provocou a morte do bichano; essa ação, o tropeço, foi não intencional.

Tomemos, a partir de dois contextos distintos, um outro exemplo: a venda da casa de Teodoro a Filomena com cláusula de retrovenda.

Num cenário (i) Teodoro e Filomena concordam em realizar um contrato de mútuo, mas José os desaconselha a tanto, sugerindo que realizem um contrato de compra e venda com cláusula de retrovenda, no que são atendidos pelas partes.

Noutro, (ii) Teodoro confidencia a José que vai vender sua casa porque precisa de dinheiro para quitar algumas dívidas. José adverte-o que talvez não seja um bom negócio, porque aquela casa tende a se valorizar muito. Então Teodoro, confiando em José, propõe a Filomena a venda de sua casa

---

antes das ações e as que o não são. Os casos que consideramos até agora são casos em que o agente tem a intenção de realizar a ação antes da realização da ação em si, quando, por exemplo, ele sabe o que vai fazer porque já tem a intenção de fazer tal coisa. Mas nem todas as intenções são assim: suponhamos que me perguntem: 'Quando você repentinamente bateu naquele homem, formou antes a intenção de bater nele?' Minha resposta poderia ser: 'não só bati nele'. Mas, mesmo em um caso assim bati nele intencionalmente e minha ação foi executada com a intenção de bater nele. O que quero dizer, acerca de um caso com este, é que a intenção estava, *na ação* mas não havia *intenção prévia*". (SEARLE, John R. *Intencionalidade*, p. 118).

204. SEARLE, John R. *Intencionalidade*, p. 118

desde que exista uma cláusula de retrovenda, o que Filomena aceita.

Sobre as intenções prévias de Teodoro e Filomena manifestadas nos dois cenários, podemos dizer que elas divergem, pois no primeiro caso, eles queriam inicialmente fazer um contrato de mútuo, enquanto no segundo eles sempre quiseram fazer um contrato de compra e venda com cláusula de retrovenda. Mas, em ambos os cenários, as intenções em ação convergem, pois eles fizeram intencionalmente[205] um contrato de compra e venda, *i.e.*, tinham a consciência de que estavam enunciando termos próprios de um contrato dessa espécie.

Ambas as intenções (prévia e em ação) podem ser determinantes para que façamos ou deixemos de fazer algo, ocorre que, para o direito, como causa intencional, o que importa é a intenção em ação, não a intenção prévia. Ordinariamente nos referimos a essa intenção em ação como vontade manifestada, o que restringe demais a questão, porque o problema da intenção é mais abrangente que o da vontade, do que falaremos na sequência.

Por fim, não podemos confundir intenção prévia com motivos ou função do negócio jurídico. Esses também integram a intenção em ação em toda a sua completude.

Isto é o que precisamos fixar: vontade, motivo e função são elementos que integram a intenção em ação complexa, a qual assume a condição de causa intencional do negócio jurídico.

6.2 Causa intencional: o gênero que abrange a função, o motivo e a vontade do negócio jurídico

Vamos dar início a esse tópico firmando o sentido que estamos empregando ao termo "intenção", com o propósito claro de superar qualquer ambiguidade que possa aparecer

---

205. Não se pode dizer, em nenhuma das situações, que a realização do contrato foi acidental.

no seu uso. "Intenção" está sendo empregada como o domínio prático da intencionalidade, ou seja, a referência de uma atividade ao seu próprio objeto, por exemplo, a referência do desejo à coisa desejada, do amor à coisa amada.[206] De modo que, se intencionalidade é "a capacidade de nossa mente poder projetar-se para fora de si mesma, representando objetos e situações do mundo",[207] a intenção, tal como considerada, é o exercício dessa capacidade.

Nesse sentido é que vemos o termo se espalhar pelos tópicos da causa, função, motivo e vontade do negócio jurídico. Todos eles estão relacionados, de forma mais ou menos evidente, com a intenção.

Talvez isso possa explicar por que quando se disserta sobre um desses tópicos temáticos, faz-se remissão ao outro. Na tentativa de deixar isso mais evidente, elaboramos um quadro com passagens em que PONTES DE MIRANDA, EMILIO BETTI e ORLANDO GOMES abordam o tema, é o que se apresenta:

	PONTES DE MIRANDA[208]	EMILIO BETTI[209]	ORLANDO GOMES[210]
Vontade	*O que rege a formação de elementos volitivos do negócio jurídico é o princípio da vontade manifestada.* (...) *A mesma vontade, no que se manifesta, pode ter tido diferentes motivos, e terem sido e serem quaisquer deles irrelevantes para o negócio jurídico.*	*...a concordância entre os efeitos jurídicos e a **função** ou razão (causa) do negócio também deva, ela própria, ser querida como se pretende quando se postula uma vontade individual orientada para efeitos jurídicos.*	*O que querem, realmente, as partes é seu **resultado econômico social**, sendo irrelevante que a vontade se tenha dirigido, especificamente, à produção dos efeitos jurídicos do negócio estipulado.*

---

206. ABBAGNANO, Nicola. *Dicionário de filosofia*, p. 661-662.

207. CARVALHO, Cristiano. *Ficções jurídicas no direito tributário*, p. 31.

208. MIRANDA, Pontes. *Tratado de direito privado*, v. 3, p. 99; p. 107 e p.127-128, respectivamente. (Grifamos).

209. BETTI, Emilio. *Teoria geral do negócio jurídico*, p. 92-93; p. 251 e p. 257-258, respectivamente. (Grifamos.)

210. GOMES, Orlando. *Introdução ao direito civil*, p. 292-293; p. 388 e p. 387, respectivamente. (Grifamos.)

NEGÓCIO JURÍDICO NO DIREITO TRIBUTÁRIO
ENSAIO SOBRE UMA TEORIA DA SIMULAÇÃO

Causa	*Causa é a **função**, que o sistema jurídico reconhece a determinado tipo de ato jurídico, função que o situa no mundo jurídico, traçando-lhe a precisando-lhe a eficácia.*	—	*Se não se leva em consideração o **propósito** negocial definido no ordenamento jurídico – a causa final dos negócios jurídicos –, o exercício da autonomia privada não pode, como deve, ser fiscalizado e limitado.*
Função	—	*Só assim, examinada a estrutura – forma e conteúdo (o como e o quê) – do negócio, pode resultar frutuoso estudar-lhe a função (o porquê). Essa função, que em terminologia técnica, legitimada pela tradição, se denomina a '**causa**', ou seja, a razão do negócio...*	—
Motivo	*Motivos são as **pré-intenções** que dão ensejo ao negócio.* *(...) Se o motivo foi elevando a essencial pela vontade das partes, deixou de ser pré-intencional.* *(...) Não se conclua, porém, pela insignificação absoluta dos motivos.* *(...) Que se procure, subjetivamente, o motivo, entende-se, e é subjetivamente e que tem de ser procurado. Mas a **causa**, não. Ela já é algo de estado, de degrau, entre o querer e a categorização de ordem jurídica.* *(...) Evidentemente, a noção de **causa** não é psicológica, ou, melhor, não no é somente.*	*Esse interesse, do caráter objetivo e típico, socialmente reconhecível e apreciável [a causa-função], não deve confundir-se com os simples motivos individuais, que, no caso especial podem ter determinado a intenção de liberalidade (reconhecimento, remuneração de serviços, caridade, aspiração à benevolência etc.).* *(...) Muito embora, no caso concreto, por um nexo psicológico à **vontade** de dispor e ao consenso, que eles determinam e orientam para a **causa**, todavia os motivos simplesmente individuais não são elementos constitutivos da **causa**.*	*Cada qual é, porém, movido por um interesse pessoal; o vendedor porque quer adquirir outro bem, o comprador, porque deseja construir uma casa, e assim por diante. Os motivos íntimos que **acionam a vontade** das partes são, de regra, irrelevantes, nada tendo a ver com o problema da **causa**.*

O quadro não tem o objetivo de esgotar a opinião de cada autor sobre o assunto, isso demandaria bem mais tempo. Voltamos nossas atenções aos trechos que permitem, rapidamente, evidenciar como os tópicos da vontade, da causa, da função e do motivo estão sobrepostos nas obras desses clássicos juristas.

Por meio dele, podemos notar que a vontade que se manifesta para realizar o negócio jurídico se direciona a atingir certos fins, chamados de "causa", "função" ou "motivo". A causa ou função – notem que Pontes e Gomes definem a causa pela função (propósito negocial), enquanto que Betti inverte os papéis, definindo a função pela causa – se equivalem, são os fins típicos do negócio jurídico (previstos no ordenamento). É verdade que todos eles abordam a causa sobre outras perspectivas, como causa remota e eficiente, por exemplo, mas a causa como tópico principal do negócio jurídico é o que chamam de "causa final", o fim pretendido pelo negócio jurídico, ou como quer Betti, sua função. Nisso diferenciam causa e função dos motivos, estes, reconhecendo estarem ligados à intenção que determina a realização do ato, são tomados como os fins particulares de cada parte, diferente daqueles, que são os fins comuns ao negócio jurídico.

À par das diferenças que esses autores exibem ao encarar questões mais específicas desse tema, certo é que todos eles reconhecem que vontade, causa, função e motivos do negócio jurídico estão ligados de certa forma à intenção das partes.

Assim, no tradicional exemplo em que A compra C de B, para poder morar próximo de D, a vontade manifestada de A é realizar o negócio de compra e venda; adquirir C de B, sua função (causa); morar próximo de D, seu motivo. Onde vemos: porque tem a intenção de comprar C, de adquirir C e de morar perto de D que A realizou um negócio jurídico de compra e venda. Ora, o que é isso se não uma causa intencional?[211]

Certo é que outro tipo de causa não pode ser. Principalmente quando falamos de fins. Fins são determinados pela causa; como dissemos naquela oportunidade (item 2.2.1), a relação meios-fins equivale à relação causa-efeito, onde a causa é o meio para se atingir um fim, seu efeito. Fins, ocupando a posição lógica de um consequente não podem ser a causa, que ocupa posição lógica de um antecedente.

---

211. V. item 2.2.1.

Causa jurídica do negócio jurídico, como já vimos, é a sua enunciação, é ela que entra para o direito, por meio da enunciação enunciada, numa relação de causalidade onde tal ato enunciativo ocupa o lugar sintático da causa e o negócio jurídico o do efeito.

Tudo o que se diz sobre causa do negócio jurídico então é um absurdo? Evidente que não. O que talvez tenha que ficar mais bem esclarecido, e por isso repetimos o que foi dito lá atrás, é que os fins (causa, função ou motivos) são causa do negócio jurídico enquanto objetos pretendidos. Enquanto a coisa querida, a coisa desejada. Não a coisa obtida. Quando A recebe C de B, por meio de registro público, alcançou o fim que pretendia ao firmar o contrato de compra e venda de C.

Pois bem, esse fim realizado foi efeito desse negócio e não sua causa. No momento da realização do negócio havia o fim pretendido, e depois da sua realização se teve o fim alcançado. Antes, enquanto o fim era apenas pretendido, ele poderia ser visto como a causa intencional que determinou a realização do negócio. Depois, como fim alcançado, ele apareceu como efeito do negócio jurídico, efeito extrajurídico ou jurídico mediato, porque o efeito jurídico imediato é a relação jurídica negocial.[212]

E a vontade manifestada? Também é fim pretendido pelas partes? Ela não é a própria manifestação das partes? Por que a inserimos no subtítulo desse tópico como espécie do gênero causa intencional?

A vontade, embora não seja apresentada pela doutrina como o fim pretendido pelas partes, o integra, é o que Emilio Betti e Orlando Gomes sustentam ao dizer que a vontade se estende aos fins pretendidos. A vontade faz parte do objetivo intencional das partes que realizam um negócio jurídico.

A não tinha unicamente a intenção de adquirir C, tinha a intenção de adquirir C por-meio-de um contrato de compra

---

212. V. item 2.3.

e venda firmado com B. Então tanto a vontade de realizar o contrato, como os desejos de adquirir o imóvel e ter D como vizinho, fazem parte da intenção complexa de A. E nesse sentido integram sua causa intencional.

Logo, todos os tipos de intenção costumeiramente mencionados pela doutrina (vontade, causa, função e motivos) integram uma intenção complexa, que aparece como causa intencional do negócio jurídico.

Aí está porque necessitamos aprofundar a investigação sobre a intenção. Giram os conceitos de motivo, função (causa) e vontade, em torno da mesma ideia: a intenção do negócio jurídico.

Mergulhando, ainda que superficialmente, sob os domínios da intenção, poderemos vir à tona com o fôlego necessário para novas imersões, aí sim, buscando compreender de forma mais acurada a posição que a vontade, a função (causa) e o motivo do negócio jurídico devem ocupar no discurso que o tenha por objeto, em especial o tributário.

Essa próxima fase das nossas investigações já poderá começar ao menos com um ponto esclarecido: a causa, sob o prisma intencional, decorre de uma intenção complexa que contempla tanto a vontade, como a função e os motivos do negócio jurídico.

6.3 Intenção complexa e os estágios intencionais do "fazer" e do "por que fazer"

Quando afirmamos no item 2.2.1 que uma causa intencional poderia ser composta por vários estágios intencionais, o fizemos a partir da ideia de que existem intenções que são complexas, significa dizer: a realização de um movimento qualquer pode ser causada por mais de uma intenção, ou melhor, mais de um estágio intencional.

Traçamos também um paralelo entre a teoria de SEARLE e ROBLES, para dizer que os estágios intencionais estão para a intenção complexa, assim como os atos constitutivos estão para as ações convencionadas, pois vários estágios intencionais compõe uma intenção complexa, da mesma forma que vários atos compõem uma ação.

Naquele tópico anterior, ressaltamos que a característica de um movimento ser considerado como um ato determinado por um estágio intencional, ou de ser uma ação determinada por uma intenção complexa, depende do ânimo com que investigamos esse movimento.

Assim, a pergunta sobre o crime cometido por Gavrilo Princip nos levou à sua ação de assassinar o arquiduque Franz Ferdinand, e a indagação sobre a participação de Gavrilo na deflagração da Primeira Guerra Mundial, nos levou à sua ação de vingar a Sérvia, realizada por-meio-do assassinato do arquiduque, passando esse à condição de ato constitutivo da ação de vingar a Sérvia. De forma que o movimento de atirar no arquiduque pode ser tomado como a ação de assassinar ou como o ato constitutivo de uma ação maior (vingar a Sérvia).

Demos um reforço a isso a partir do Acórdão n°: 107-07.596, onde a realização do negócio jurídico de incorporação, bem assim a elisão tributária , foram tomados como atos constitutivos da ação de gestão administrativa eficiente; e do Acórdão n° 202-15.765, onde a ação considerada foi a de elidir o pagamento do tributo, que teve como ato constitutivo o negócio jurídico de empréstimo. A diferença marcante: o movimento da elisão tributária foi num caso considerada como ato e noutro como ação. E o que havia em comum entre os casos? Ambos tratavam o negócio jurídico como ato constitutivo de ações mais abrangentes.

Ainda: esses negócios jurídicos poderiam ser considerados como uma ação se perguntássemos qual negócio jurídico cada parte tinha realizado.

Desse modo, quando perguntamos qual negócio jurídico se realizou, estamos recortando o negócio como uma ação. Quando perguntamos o porquê se realizou tal negócio, o tomamos como ato constitutivo d'uma ação mais abrangente, por exemplo, a ação de elisão tributária.

Da mesma forma que a ação de vingar a Sérvia foi realizada por-meio-do assassinato do arquiduque, a ação de elidir um tributo somente pode se realizar por-meio-de um negócio jurídico menos oneroso.

Pois bem, a essa altura cremos que o ruminar do texto anterior esteja ficando maçante, vamos direto ao ponto: a intenção que causa a ação de realizar um negócio jurídico contém um estágio intencional, o estágio intencional de "fazer" esse negócio; a intenção que causa uma ação mais abrangente, constituída por meio desse negócio, contém dois estágios intencionais, o estágio intencional de "fazer" esse negócio e o estágio intencional do "porquê" se faz esse negócio.

Por isso, se vamos nos ocupar em saber qual o negócio jurídico é feito, sua intenção deve ser explorada a partir do estágio intencional do "fazer", se pretendermos estender nossa análise às repercussões que o negócio jurídico pode ter em outas esferas, sua intenção deve ser explorada a partir do estágio intencional do "fazer" e do estágio intencional do "por que fazer".

A eles que dedicaremos as próximas linhas.

6.3.1 Estágio intencional do "fazer": o quê é feito pelo dizer

Nesse ponto do trabalho, já está claro que ao dizer algo fazemos algo, de maneira que o dizer e o fazer andam juntos; ora o dizer é mais relevante (enunciados constatativos), ora o fazer assume essa posição (enunciados performativos).

E se o dizer realiza o fazer, parece evidente que há uma relação direta entre a significação do dizer com aquilo que foi feito.

Essa significação pode decorrer dos significados convencionais do dizer, como quando ao quebrar uma garrafa de aguardente no casco de um barco e gritar "batizo-o Águas do Pantanal", realiza-se a ação de batizar o navio, porque os signos "quebrar a garrafa de aguardente" e "batizar" têm esse significado convencional.

Vezes, porém, a ação que realizamos com o dizer não está relacionado com seu significado convencional, a exemplo do que ocorre no seguinte diálogo:

Teodoro: "vamos ao cinema"?
Filomena: "tenho que estudar para o exame de amanhã".

Nesse caso, o significado convencionalmente estabelecido para o enunciado formulado por Filomena é de informar sobre a necessidade de se estudar para um exame, mas ninguém tem dúvidas: o que Filomena fez foi dar "um fora" em Teodoro, ou de maneira mais gentil: ela realizou a ação de recusar o convite que lhe foi feito.

Essa ação de recusa do convite poderia ter sido realizada por meio de um enunciado convencionalmente estabelecido para tanto, como "não, obrigado".

Eis aí a teoria dos atos de fala pondo em evidência sua característica de atualização da língua. Ao se converter o dizer em um modo de ação, atribuímos outras significações aos termos convencionados.

E isso não é novo para o direito, principalmente para o direito tributário. Basta lembrar os célebres casos de instituição de uma taxa, que na verdade é um imposto.[213] Esse manjado

---

213. Taxa de construção, conservação e melhoramento de estrada de rodagem. Artigos 212 a 215 da Lei nº 1.942/83 do Município de Votuporanga. Inconstitucionalidade. – Base de cálculo que é própria de imposto e não de taxa por serviços específicos e divisíveis postos à disposição do seu contribuinte. – Não tendo o Município – uma vez que, em matéria de impostos, a competência implícita é da União – competência para criar tributos outros que não os que a Constituição lhe atribui, o **imposto dissimulado pela taxa** é inconstitucional. Recurso extraordinário conhecido

subterfúgio das autoridades legiferantes nada mais é do que criar um imposto usando um enunciado convencionalmente estabelecido para se criar uma taxa.[214]

Certo é que em caso dessa natureza, onde se tem consciência que a base de cálculo infirma, afirma ou confirma o fato jurídico tributário,[215] fica mais evidente ser a significação atribuída ao enunciado diversa do seu significado semântico.

De qualquer forma, tanto no exemplo coloquial da recusa a um convite, como no da taxa com natureza de imposto, a significação, tal como pusemos, depende do texto que envolve o enunciado. Se nos deparamos simplesmente com o enunciado "tenho que estudar para o exame de amanhã", não diremos que a significação que lhe foi atribuída é a de recusar um convite. Assim como, se temos conhecimento somente dos enunciados que compõe a norma geral e concreta: "dado a aprovação pela Câmara Municipal e sanção do Prefeito deve ser a instituição de uma taxa", não podemos dizer que foi instituído

---

e provido, declarando-se a inconstitucionalidade dos artigos 212 a 215 da Lei nº 1.942, de.83, do Município de Votuporanga (SP). (STF - RE: 121617 SP, Relator: MOREIRA ALVES, j. 22.02.1996, Tribunal Pleno, *DJ* 06.10.2000, grifamos).

214. "Já estamos precatados contra as palavras utilizadas pelo legislador, que nem sempre acerta na compostura da fórmula disciplinadora da incidência. Que de vezes, empregando meios desazados, põe em curso signos impróprios e cria figuras canhestras, as quais, compreendidos na sua estreiteza, induzem o intérprete a erros grosseiros e imperdoáveis. Bem sabemos que muitos impostos já passaram por taxas, e estas, por aqueles. Há prestações fiscais, como a contribuição previdenciária recolhida pela empresa, que exibem a natureza intrínseca de autêntico imposto, a despeito do nome contribuição. No caso do valor pago pelo empregado, muito embora tenha a índole de taxa, o tributo é conhecido pelo mesmo epíteto. Isso sem falar no desajeitado salário-educação, que nada mais é que um imposto embuçado em título curioso e atópico. Segue farta cópia de exemplos, oportunos e esclarecedores, nas entidades lassas e atraentes dos empréstimos compulsórios" (CARVALHO, Paulo de Barros. *Curso de direito tributário*, p. 335.

215. "Às três funções da base de cálculo, sobre que até agora discorremos, convém os seguintes nomes indicativos: a) função mensuradora, pois *mede as proporções reais do fato*; b) função objetiva, *porque compõe a específica determinação da dívida*; e c) função comparativa, *porquanto, posta em comparação com o critério matéria da hipótese, é capaz de confirmá-lo, infirmá-lo ou afirmar aquilo que consta no texto da lei, de modo obscuro*" (CARVALHO, Paulo de Barros. *Curso de direito tributário*, p. 336-337).

um imposto. E essa é a razão porque a significação do enunciado negocial deve ser construída a partir do texto negocial.²¹⁶

Há, porém, dentre os vários elementos integrantes do texto, um ingrediente determinante na significação do dizer, que é a intenção de fazer algo ao dizer. Quando usamos as palavras para realizar uma ação, nossa intenção de realizar essa ação é determinante do modo como usamos essas palavras.

O rumo que estamos seguindo nos coloca diante do seguinte: a intenção de fazer algo ao dizer orienta a significação atribuída ao dizer.²¹⁷ Aí está a relação entre intenção e significação que tanto quer o art. 112 do Código Civil, ao dispor que "nas declarações de vontade se atenderá mais à intenção nelas consubstanciada do que ao sentido literal da linguagem". A intenção a que se refere o dispositivo é a intenção de fazer, o sentido literal da linguagem é o significado convencional do dizer.

Sabendo que a intenção do fazer é algo que se mostra no fio do texto que envolve o enunciado, poderíamos parar por aqui conformado com o fato de que a intenção de fazer deve ser analisada casuisticamente, ou seja, texto a texto. Essa seria, inclusive, a postura mais prudente.

A verdade, contudo, é que ela nos incomoda, principalmente quando vemos essa análise casuística deturpar completamente qual a intenção que importa à significação do dizer; especificamente do enunciado negocial.

Na ânsia de repelir esse incômodo, saímos à caça de critérios mais objetivos que pudessem nortear o intérprete nessa

---

216. PAUL GRICE, em seu artigo "Lógica e Conversação", explora a significação dos atos de fala, não sob o prisma de suas estruturas isoladas, mas a partir de uma teoria da conversação.

217. CRISTIANO CARVALHO enfatiza essa relação da intenção com a significação quando aborda a relação da força ilocucionária com o conteúdo locucionário (proposicional) nas seguintes passagens: "...ainda que a proposição possa ser a mesma, isto é, a frase ter o mesmo conteúdo semântico, a intenção empregada pelo falante ao comunicar pode dar-se de várias formas. Essa é a *força ilocucionária*. [...] Ocorre que, muitas vezes, a força ilocucionária ditará o conteúdo proposicional" (*Ficções jurídicas no direito tributário*, p. 47 e 52, respectivamente).

busca da intenção do fazer. E dos critérios que a filosofia da linguagem tem se esforçado para elaborar,[218] vimos em SEARLE aquele que se afigura mais útil ao tema. Compreendê-lo, no entanto, pode parecer um tanto complicado no começo, mas rapidamente essa sensação se desfaz. De qualquer forma, cremos que vale a pena.

Para o filósofo americano, ao emitir um ato para representar algo que pensamos, impomos a essa emissão as mesmas condições de satisfação que nosso pensamento tem, pois:

> [...] o ato de emissão é realizado com a intenção de que a própria emissão tenha condições de satisfação. As condições de satisfação da crença de que o inimigo está recuando são transferidas para a emissão por um ato Intencional. Portanto, a razão pela qual a realização do ato de fala, ou seja, nesse caso, o erguer o braço, serve como expressão da crença de que o inimigo está recuando é que ele é realizado com a intenção de que suas condições de satisfação sejam precisamente aquelas da crença.[219]

Assim, ao erguer o braço, tenho a intenção de que esse gesto signifique o que penso: o inimigo está recuando. Donde podemos dizer que a intenção significativa transmite ao gesto as mesmas condições de satisfação daquilo que penso (recuo do inimigo). Foi justamente por pretender que meu gesto significasse aquilo que pensava – recuo do inimigo –, que meu gesto passou a ter as mesmas condições de satisfação da minha crença de que o inimigo havia recuado. Se o inimigo recuou, tanto minha crença como a representação do meu gesto estarão satisfeitos.

---

218. PAUL GRICE trabalha com a ideia de "implicaturas conversacionais" para explicar a significação a partir das intenções. Utilizando as categorias de Kant (Quantidade, Qualidade, Relação e Modo) descreve as máximas conversacionais que regem uma conversação (*Lógica e Conversação*, p. 81-103).

219. SEARLE, John R. *Intencionalidade*, p. 233.

Mas essa intenção significativa será completa se minha audiência reconhecer que a elevação do braço tem esse significado. Se a elevação desse braço não transmite aos meus companheiros de trincheira o meu pensamento de que o inimigo recuou, minha intenção significativa funcionará apenas sob o aspecto representacional, mas não do ponto de vista comunicacional.[220]

Por isso minha intenção deve-se manifestar por sinais que consigam impor ao meu ato de fala as mesmas condições de satisfação daquilo que penso. E muitas vezes essas condições de satisfação são impostas pelo próprio significado semântico do enunciado, embora os problemas com que nos deparamos se dão quando ocorre justamente o contrário.

Imaginemos um leilão de gado de elite onde os lances são convencionalmente ofertados com o erguer do braço, e temos a intenção de chamar o garçom até nossa mesa. Se simplesmente erguemos o braço, corremos risco de que nosso gesto seja interpretado como a ação de "ofertar de um lance", o que definitivamente não queremos; empenhados em evitar esse custoso mal-entendido, podemos fazer esse mesmo gesto acompanhado das expressões "por favor", "amigo", "senhor", "garçom" e etc.[221] Em caso tal, essas expressões complementares impõem ao nosso gesto a seguinte condição de satisfação: que o garçom venha até nossa mesa. Então, nosso gesto significa um "pedido de atenção ao garçom" e não uma "oferta de lance".[222]

---

220. "Há, portanto, dois aspectos nas intenções de significação, a intenção de representar e a intenção de comunicar" (SEARLE, John. R. *Intencionalidade*, p. 231).

221. Não há dúvidas que mesmo nos casos onde uma condição de satisfação é imposta particularmente, há algo convencional no que foi dito, como por exemplo, o erguer o braço, que comumente é utilizado para "chamar um garçom".

222. Embora não tenha tratado do tema da intenção e da significação especificamente, Austin deu sinais de que teria muito mais razão para concordar do que para discordar de Searle, é o caso da passagem onde diz que ao me curvar perante uma pessoa, "pode não ficar claro se estou fazendo uma reverência ou, digamos, se estou me curvando para observar a flora ou para aliviar minha indigestão. De modo geral, então, para esclarecer que se trata de um ato cerimonial convencional, e também para identificar o ato (por exemplo, como um ato de reverenciar), deve-se incluir,

Guardemos que: "dizer uma coisa e querer significá-la é uma questão de dizê-la com as condições de satisfação intencionalmente impostas ao enunciado".[223] Condições essas que devem ser convencionalmente impostas ao enunciado ou a partir do texto que o envolve, pois, "o significado mental em mais nenhum lado se pode encontrar a não ser no próprio discurso."[224] A intenção comunicativa que importa ao significado não é da ordem do inefável, é a manifestada no discurso.[225]

Ao direito essa é uma questão de extrema relevância, por uma razão muito simples: tudo o que dizemos em seu sistema tem caráter prescritivo. Assim, se dizemos X, convencionalmente estabelecido para o negócio X', em regra, temos que deve ser X', que tem por condições de satisfação X". Se, por outro lado, digo X e imponho Y" como sua condição de satisfação, então minha intenção foi de fazer Y', e esse é o negócio significado pelo meu enunciado negocial.

Eis que se põe nova indagação: qual é a condição de satisfação de um negócio jurídico? Antes de responder, vamos deixar claro que estamos tratando de um fazer jurídico, mais especificamente d'uma ação negocial formal-jurídica, importando-nos as condições de satisfação jurídicas.

---

via de regra, um outro elemento especial, como, por exemplo, tirar o chapéu, tocar o chão com a testa, levar a mão ao coração, ou até mesmo emitir algum som ou proferir uma palavra como "Salaam". Ora, proferir "Salaam" não é descrever minha ação, nem indicar que estou realizando uma reverência, assim como não o é o fato de tirar o chapéu. Pela mesma razão – mais adiante voltaremos a isso – dizer 'Eu o saúdo' não é descrever meu ato de saudar. Fazer ou dizer tais coisas é tornar claro como o ato deve ser considerado ou entendido, dizer de que ação se trata" (AUSTIN, John L. *Quando dizer é fazer*, p. 68).

223. Searle, John R. *Intencionalidade*, p. 236.

224. RICOEUR, Paul. *Teoria da Interpretação, o discurso e o excesso de significação*, p. 24.

225. "A discordância entre enunciado e enunciação não é um desacordo entre um conteúdo manifesto e uma intenção comunicativa inefável, pois as únicas intenções do sujeito que se podem apreender são as inscritas no discurso" (FIORIN, José Luiz. *As astúcias da enunciação:* as categorias de pessoa, espaço e tempo., p. 39.)

Pontes de Miranda[226] indica uma resposta: "o que os interessados no negócio jurídico estabelecem não é mais do que eficácia do negócio jurídico".

Veja: se o negócio jurídico integra uma norma sob a função de um antecedente, implicando certa relação jurídica, essa na função de consequente, é ela a condição de satisfação do negócio jurídico.

Estamos a afirmar que ali onde houver, no texto negocial, prevista qual a relação jurídica negocial que vinculam as partes – expressão maior do princípio da autonomia de vontade e liberdade das formas –, a consideraremos como a condição de satisfação juridicamente imposta ao enunciado negocial, capaz de nos orientar sobre a significação que lhe foi atribuída, *i.e.*, sobre a ação negocial realizada.

O julgamento do Conselho Administrativo de Recursos Fiscais, formalizado no Acórdão nº 1103.001.052[227] vai auxiliar a compreender isso. Nessa decisão, ao considerar que as partes simularam um contrato de Sociedade de Conta em Participação, o órgão julgador se embasou naquilo que no contrato firmado entre as partes constava como sendo a obrigação acometida a cada um, donde destacamos esse fragmento:

---

226. MIRANDA, Pontes. *Tratado de direito privado*, v. 3, p. 35.
227. "OMISSÃO DE RECEITAS SCP SIMULADA – SÓCIA-OCULTA
1. Na causa típica de uma sociedade em conta de participação (SCP), estão presentes o fortalecimento do empreendimento do sócio ostensivo, enquanto tal, com os investimentos feitos pelo sócio oculto, e a repartição dos resultados entre ambas as categorias de sócios. Do próprio contrato se vê que a recorrente era quem executava o empreendimento, além de prover o custeio, e a suposta sócia ostensiva, sobre não executar o empreendimento, não fazia investimentos (para caracterização como sócia oculta, ao invés de ostensiva). Incompatibilidade entre o fim prático presente e a causa típica, que denuncia a simulação da SCP.
2. Vê-se que a recorrente executava os serviços à prefeitura, e recebia a remuneração por tais serviços, mediante repasse, por meio do suposto sócio ostensivo (consórcio), o qual firmava o contrato com a prefeitura e não há indicação de cessão de crédito nos autos, nem de contrato com pessoa a declarar dos arts. 467 a 470, do Código Civil. Falta de comprovação da origem dos depósitos bancários feitos pelo consórcio à recorrente, com a concreção de omissão de receitas legalmente presumida. As provas indiretas ainda indicam que se trata de receitas de prestação de serviços à prefeitura" (Relator Marcelo Takata, 1ª Câmara / 3ª Turma Ordinária e Sessão de 7 de maio de 2014).

Mas, note-se o que preveem as cláusulas segunda e terceira do contrato de SCP:

> 2. Custeio e execução: A XYZ executará os trabalhos inerentes a sua área de especialização, suportando os respectivos custos.
>
> 3. Obrigações da XYZ: Caberá exclusivamente a ela, a tarefa de manter o sistema comercial operante e atualizado tecnologicamente, bem como prestar os serviços de atendimento ao público, suporte técnico e treinamento dos sistemas de informática, tanto para os seus funcionários como para o pessoal usuário da Prefeitura.

A dúvida que possa existir se dissipa com as referidas cláusulas.

Veja-se que a cláusula segunda trata não só de custeio, como de execução. A cláusula terceira completa a atinente à execução – do que? Do objeto da SCP.

Em remate, observe-se o que diz a cláusula quarta:

> 4. Obrigações do CONSÓRCIO: Competirá exclusivamente ao CONSÓRCIO administração financeira do empreendimento, qual seja o recebimento de valores junto à Prefeitura de Balneário Camboriú, e respectivo repasse do percentual de direito a XYZ, representando a sociedade ora instituída sob sua própria e exclusiva denominação podendo oferecer propostas e assinar contratos, ajustando de comum acordo com a XYZ as condições de negócio envolvendo a solução proposta, observados os limites ajustados entre as partes, conforme cláusula Sexta, infra.

O que disse a decisão por esses fundamentos? Nada mais que o seguinte: a obrigação acometida ao sócio oculto era a execução direta do serviço ao cliente da Sociedade em Conta de Participação. A partir disso, considerando que tais obrigações são típicas de uma subcontratação, declarou que o contrato firmado era da modalidade de subcontratação.[228]

Se passarmos em revista todo o acórdão, vamos ver que o que estamos chamando de condição de satisfação do

---

228. "O negócio efetivo é o *acordo* entre as partes quanto ao empreendimento junto à prefeitura, por contrato firmado com essa por uma das partes (o consórcio) e repasse da remuneração à recorrente". (Acórdão citado)

enunciado negocial é tomado como sendo a "causa" do negócio jurídico realizado.[229] Mas, a despeito dessa divergência nominal – que vimos aparando nesse trabalho –, importa do acórdão o destaque que deu ao texto do negócio (contrato) para indicar qual a relação negocial efetivamente estabelecida entre as partes. Podemos até discutir se essa hipótese de adimplemento é típica de um contrato de subcontratação, mas não discutimos que ela é relevante para nos nortear sobre a significação atribuída ao enunciado negocial, e consequentemente, sobre qual a ação negocial realizada.

Disso tudo, podemos construir uma equivalência entre o que estamos chamando de condição de satisfação do enunciado negocial, ou seja, sua relação jurídica, como algo capaz de orientar sobre a significação atribuída ao enunciado negocial, com o que o direito tributário já se acostumou em ver como uma prioridade da base de cálculo sobre a hipótese de incidência.[230] Ambas as teses nos levarão ao seguinte: são os termos consequentes que nos orientam acerca da significação do termo antecedente.

Em nota final, um recato de prudência: não advogamos a tese de que a intenção de fazer, e sua condição de satisfação, ditam suficientemente a significação atribuída ao dizer, sabemos que isso envolve outras questões,[231] o ponto em que nos amarramos é o de colocar em bases mais sólidas qual a intenção importa para saber o que foi feito ao se dizer algo, e como ela importa.

---

229. "A insinceridade da causa da SCP se desnuda. Ou, ainda, em outras palavras, fica demonstrada a incompatibilidade entre a causa intentada ou fim concreto e a causa típica da SCP" (Idem)

230. "Introduzimos uma noção de induvidosa operatividade, para a qual convocamos todas as atenções: havendo desencontro entre os termos do binômio (hipótese de incidência e base de cálculo), a base é que deve prevalecer" (CARVALHO, Paulo de Barros. *Curso de direito tributário*, p. 336).

231. Mesmo Searle admite: "significação é mais que uma questão de intenção, e, pelo menos algumas vezes, é também uma questão de convenção" (*Os actos de fala:* um ensaio de filosofia da linguagem, p. 62.

6.3.2 Estágio intencional do "por que fazer": o porquê se faz o que se faz

Acabamos de ver que o estágio intencional do "fazer" tem condições de satisfação que, quando manifestadas no discurso, são capazes de nos orientar sobre o que foi feito ao se dizer certas palavras.

Não obstante a resposta se apresentar de maneira evidente, temos o mister de esclarecer se as condições de satisfação do "por que fazer" também nos orientam sobre o que foi feito ao se dizer certas palavras.

Para essa empreitada, retomemos o seguinte: as intenções complexas são aquelas formadas por mais de um estágio intencional, que mantém com o outro uma relação do tipo "por-meio-de". E "cada um desses vários estágios da relação 'por-meio-de' torna-se parte das condições da satisfação da intenção em ação".[232]

Diremos mais, a satisfação desses estágios intencionais deve atender à ordem em que estão relacionados para que se dê a satisfação da intenção complexa, o que fica claro da seguinte passagem de SEARLE:[233]

Intenções complexas são aquelas em que as condições de satisfação incluem apenas o movimento corporal *a*, mas também alguns componentes adicionais da ação, *b, c, d*...que **pretendemos realizar por meio da** (ou através da, ou na) realização de *a, b, c*...e tanto a representação de *a, b, c*...quanto as **relações** entre eles estão **incluídas** no **conteúdo** da **intenção complexa**.

Nota-se que a intenção complexa não pode ser considerada como aquela que possui vários estágios intencionais em relação de independência. A intenção complexa, na proposta de SEARLE, é aquela que possui vários estágios intencionais,

---

232. SEARLE, John R. *Intencionalidade*, p. 176.

233. Idem, p. 137.

cada qual com sua condição de satisfação, relacionados pelo termo "por-meio-de". Essa relação "por-meio-de" impõe uma ordem de satisfação dos estágios intencionais para que a intenção complexa seja satisfeita.

A partir disso, podemos ver que a questão sobre a satisfação do estágio intencional do "por que fazer" somente pode ser posta, se já tiver sido investigada a condição de satisfação do estágio intencional do "fazer"; essa é um *prius* daquela.

Sobre essa posição de antecedência que o negócio jurídico ocupa em relação à sua repercussão socioeconômica, vale voltar à definição de Emilio Betti[234] sobre a função: "só assim, examinada a estrutura – forma e conteúdo (o como e o quê) – do negócio, pode resultar frutuoso estudar-lhe a função (o porquê)".

Não é por outra razão que uma ação elisiva só se realiza acaso a economia tributária decorra da realização de um negócio jurídico que implique fato jurídico tributário sujeito ao menor ônus fiscal. Se a economia tributária não foi obtida por meio da realização de um negócio jurídico menos oneroso, não podemos falar em ação elisiva, como é o caso das corriqueiras – por isso nefastas – anistias e remissões.[235]

O que estamos querendo dizer afinal?

Tentamos mostrar que as condições de satisfação do estágio intencional do "por que fazer", quando analisadas em conjunto com as condições de satisfação do "fazer", podem nos orientar, no máximo, sobre qual a ação que abrange o negócio jurídico como um ato constitutivo seu.

---

234. BETTI, Emilio. *Teoria geral do negócio jurídico*, p. 251.

235. Isso tudo se considerarmos a ação elisiva como a manifestação de um dos três sentidos que Paulo Ayres Barreto atribui à expressão 'elisão tributária', que diz ser o "direito subjetivo assegurado ao contribuinte de, por meios lícitos, (i) evitar a ocorrência do fato jurídico tributário; (ii) reduzir o montante devido a título de tributo; ou (iii) postergar a sua incidência" (BARRETO, Paulo Ayres. *Elisão tributária:* limites objetivos, p. 231).

De sorte que, as condições de satisfação da intenção do porquê se fez um negócio jurídico menos oneroso, nos indicam apenas se a ação elisiva foi realizada, e não qual o negócio jurídico realizado.

Note: se a investigação alcançou o estágio intencional do "por que fazer", o negócio jurídico, como ação, não lhe é mais objeto, mas sim outra ação que o abrange como ato constitutivo.

Acertada, exclusivamente sobre esse aspecto, a decisão formalizada pelo Acórdão n° 106-14.244 do Conselho de Recursos Administrativos Fiscais que, por outros torneios,[236] reconhecendo haver uma intenção de economizar tributos (estágio intencional do "por que fazer") tomou-a como insuficiente para determinar qual o negócio jurídico realizado, conforme nos revela o seguinte trecho:

> Entendo, conclusivamente, que embora presente a **expectativa de economia de imposto** mediante a **elisão esta não se configura** em face da prestação laboral cuja remuneração tributa-se pela legislação do imposto de renda das pessoas físicas.

Melhor sorte não teve a decisão formalizada no Acórdão n°: 104-20.749 desse mesmo Conselho, donde destacamos a ementa e o seguinte trecho do voto:

> IRPF – EXERCÍCIO DE 2001 – OMISSÃO DE RENDIMENTOS RECEBIDOS DE FONTE NO EXTERIOR – SIMULAÇÃO – Constatada a prática de **simulação, perpetrada** mediante a articulação de **operações** com o **intuito de evitar a ocorrência do fato gerador do Imposto de Renda**, é cabível a exigência do tributo, acrescido de multa qualificada (art. 44, inciso II, da Lei n°. 9.430, de 1996).
>
> OPERAÇÕES ESTRUTURADAS EM SEQUÊNCIA – O fato de cada uma das transações, isoladamente e do ponto de vista formal, ostentar legalidade, não garante a legitimidade do conjunto de operações, quando fica comprovado que os atos praticados tinham objetivo diverso daquele que lhes é próprio.

---

236. Na decisão, a descaraterização do negócio de prestação de serviços não foi realizada de forma explícita, mas ficou clara quando fez incidir o Imposto de Renda da Pessoa Física, sobre contrato firmado entre pessoas jurídicas.

AUSÊNCIA DE MOTIVAÇÃO EXTRATRIBUTÁRIA – A liberdade de auto-organização não endossa a **prática de atos sem motivação negocial**, sob o argumento de exercício do planejamento tributário.

MULTA ISOLADA E MULTA DE OFÍCIO – Incabível a aplicação da multa isolada (art. 44, § 1º, inciso III, da Lei nº. 9.430, de 1996), quando em concomitância com a multa de ofício (inciso II do mesmo dispositivo legal), ambas incidindo sobre a mesma base de cálculo.

(...)

De todo o exposto, conclui-se que tanto a autuação como a decisão recorrida estão corretas, uma vez que se constatou a realização, por parte do contribuinte, de atos coordenados, caracterizando uma montagem, com o intuito de dissimular **a efetiva distribuição de lucros**, no valor de US$ 4.600.000,00, para a pessoa física do recorrente (grifamos).

Nesse caso, diferente do primeiro, o estágio intencional do "por que fazer" – pretensão de obter economia tributária –, expressado no acórdão como o "intuito de evitar a ocorrência do fato gerador do Imposto de Renda", determinou a significação dos enunciados negociais ou, o que dá na mesma, qual a ação negocial feita, para considerá-la como um negócio jurídico de "efetiva distribuição de lucros".

Cumpre advertir que não estamos desenvolvendo uma crítica sobre o resultado a que chegaram essas decisões, *i.e.*, se os negócios jurídicos praticados eram lícitos ou ilícitos, o que estamos colocando sob um olhar crítico é se o estágio intencional do "por que fazer" foi considerado para se construir a significação do enunciado negocial.

E tendo na memória que esse estágio intencional não importa para orientar sobre o que foi feito, mas tão somente sobre o porquê o que foi feito foi feito, é que reputamos, sobre esse aspecto, acertada a decisão formalizada pelo Acórdão nº 106-14.244, e equivocada aquela formalizada pelo Acórdão nº 104-20.749.

6.4 Revisitando os conceitos de vontade, função e motivo do negócio jurídico

Conforme prometido, aqui estamos de volta aos tópicos da "vontade", "função" e "motivos", categorias da teoria do negócio jurídico que têm frequentado as discussões tributárias com ênfase cada vez maior.

Nosso primeiro contato com esses tópicos permitiu inseri-los na causa intencional do negócio jurídico, razão que nos levou a abondar o termo "causa" como equivalente à função, porque não só a função (causa) é causa intencional do negócio jurídico, mas também a vontade e os motivos, e nenhum deles é causa jurídica do negócio, condição ocupada pela enunciação; quanto isso, cremos que o assunto está superado.

Resta-nos fechar os flancos no que diz respeito ao conteúdo intencional que cada uma dessas figuras ostenta, já que todas denotam algum conteúdo dessa espécie.

À "vontade", atribuímos o conteúdo intencional do "fazer", pois se na notável expressão "declaração de vontade" ela é considerada como o objeto intencional declarado, outra coisa não o é a intenção de fazer, declarada pelo enunciado negocial.

A "função" e o "motivo" do negócio jurídico são categorias que se apresentam, como conteúdo intencional, no estágio intencional do "por que fazer", uma vez que sob essas categorias a doutrina costuma alocar as razões por que se fez um negócio jurídico.

Normalmente são separadas por um critério não muito estável, que é o da relevância jurídica dessas razões. Pelo quadro do item 6.2 podemos ver que as razões relevantes são consideradas como a função do negócio jurídico e as irrelevantes os motivos, embora todos aqueles autores em algum momento reconhecem que os motivos podem ser relevantes.[237]

---

237. Serpa Lopes é categórico sobre isso: "quando a lei anula a doação por uma causa ilícita, ela penetra no *motivo* e não na *causa*. Por isso a doutrina casualista

NEGÓCIO JURÍDICO NO DIREITO TRIBUTÁRIO
ENSAIO SOBRE UMA TEORIA DA SIMULAÇÃO

O que se nota é que se a diferença entre a função e os motivos soa bem em termos abstratos, na concretude do direito, ela se dissipa significativamente. Nossa hipótese para isso é que sendo eles conteúdos intencionais do tipo "por que fazer", e havendo regras altamente axiológicas sobre a ilicitude de algumas intenções desse tipo, *v.g.*, as disposições dos arts. 187[238] e 421[239] do Código Civil, o estágio intencional do "por que fazer" aparece ao direito como relevante a depender da ação convencional que está sendo analisada; e ainda: quase nada escapa, pois todo tipo de ação pode ser confrontada com o que se entenda por "bons costumes" ou "função social".

Disso, podemos verificar que quando investigamos o negócio jurídico em si, a função e os motivos, que compõe o estágio intencional do seu 'por que fazer', não importam; se nossas atenções se voltam sobre essas realidades é porque nosso objeto de investigação já é outro, a saber: uma ação mais abrangente que tenha o negócio jurídico como um ato constitutivo.

---

não consegue firmar um critério definitivo sobre o que seja *causa* e o que é *motivo* [...] Por isso, Dabin sustenta que, se a noção de causa não permite distingui-la da de *motivo*, tanto vale dizer que a noção de causa, não respondendo a nada de distinto, é inexistente" (*Curso de Direito Civil*, p. 482).

238. Art. 187. Também comete ato ilícito o titular de um direito que, ao exercê-lo, excede manifestamente os limites impostos pelo seu fim econômico ou social, pela boa-fé ou pelos bons costumes.

239. Art. 421. A liberdade de contratar será exercida em razão e nos limites da função social do contrato.

CAPÍTULO 7
SIMULAÇÃO DO NEGÓCIO JURÍDICO

7.1 Simulação como problema da verdade do negócio jurídico: uma crítica

A simulação do negócio jurídico é um tema tão assombroso que expressões como "fantasma" e "corpo sem alma" se notabilizaram pelas mãos de Francesco Ferrara, como seus legítimos signos. Ao lado dessas, outras, como "negócio real", "negócio aparente", "negócio verdadeiro" também foram ganhando campo.

Justamente esses termos vagos que dão vazão à curiosidade que nos move. Curiosidade essa, que vem a nós sob as perguntas: onde está o "negócio real"? E o "negócio aparente", está em algum lugar?

A dificuldade que muitas vezes temos para responder a essas perguntas resulta, sob nosso olhar, do entrelaçamento de conceitos que denotam situações distintas, e que tentamos aparar nos itens 6.2 e 6.4, abordando os tópicos da causa, função, motivo e vontade.

Pretendemos evidenciar que essas dificuldades não são sem razão, elaborando, novamente, quadros esquemáticos com trechos das obras de PONTES DE MIRANDA,[240] EMILIO BETTI[241] e FRANCESCO FERRARA[242] sobre o tema. O que dissemos sobre o quadro anterior aplica-se aqui: a seleção dos trechos teve como escopo expor os principais pontos de opinião de cada autor, estando longe de ser um resumo completo dos respectivos entendimentos sobre o tema.

	PONTES DE MIRANDA	EMILIO BETTI	FRANCESCO FERRARA
Simulação como vício de vontade	"Muitas vezes têm surgido definições de negócios jurídicos como atos em que se querem efeitos jurídicos. Ora, o que se quer é a categoria, com os seus efeitos ou na medida em que se possam querer esses efeitos. Quem simula não quer a categoria, quer algum, ou alguns efeitos delas, ou nenhum". "O ato jurídico simulado quando, com o consentimento expresso, ou tácito, oral ou escrito, do destinatário da manifestação aparente de vontade, no mesmo ato, ou noutro, se conclui, para que não entre no mundo jurídico e, pois, não tenha eficácia". "Por exemplo: simula-se venda e compra, e em verdade doa-se; transmite-se a propriedade da joia, mas dão-se instruções para que se voltem às pedras preciosas; doa-se, mas oculta-se venda e compra, para se fugir a contrato de opção em caso de venda; simula-se aluguel quando em verdade se concluiu comodato".	"Como resulta do que temos estado a dizer, a valoração dos vícios concernentes à causa, divergindo da dos vícios que dizem respeito à forma e ao conteúdo, não pode prescindir do elemento subjetivo, mas deve ter em conta a posição que o querer, e precisamente a determinação causal, assume em relação à causa ou função do negócio". "É um fato normal, corresponder a intenção prática da parte ao tipo do negócio escolhido, mas não é constante, nem necessário: efetivamente, pode suceder que o negócio seja realizado como meio para atingir um fim diferente daquele que a sua causa representa..."	"Simulação é a declaração dum conteúdo de vontade não real, emitida conscientemente e por acordo entre as partes, para produzir, com o fim de enganar, a aparência dum negócio jurídico que não existe ou é diferente daquele que se realizou" "A simulação pode comparar-se a um fantasma, a dissimulação a uma máscara" "Tem-se somente uma mera aparência, uma sombra vã, um corpo sem alma, segundo a expressão de Baldo (simulação absoluta)".

---

240. MIRANDA, Pontes. *Tratado de direito privado*, v. 4, p. 441; 442; 454; 469 e 444 (na ordem apresentada).

241. BETTI, Emilio. *Teoria geral do negócio jurídico*, p. 562; 563 e 564 (na ordem apresentada).

242. FERRARA, Francesco. *Simulação dos negócios jurídicos*, p. 65; 50; 208; 55 e 79 (na ordem apresentada).

Contradeclaração como negócio verdadeiro	"Se a simulação não é absoluta, há ato jurídico que se quis, surgido do suporte fático em que se inseriu a contravontade, ou se quis o ato jurídico e o suporte fático foi insuficiente ou deficiente".		A contradeclaração não é uma declaração que pode referir-se a actos simulados, é, única e exclusivamente, a declaração que se refere ao acto simulado e, portanto, exclui todo o acto modificativo dum contrato anterior, real e verdadeiro.

Desse apanhado, podemos perceber que os três clássicos autores abordam a simulação como uma distorção entre a vontade e a declaração, pois embora BETTI a categorize como um vício de causa, ele situa a causa como a "intenção prática" das partes. Essa distorção indicaria o negócio jurídico falso, em detrimento do negócio jurídico verdadeiro, quando haveria coincidência entre vontade e declaração.

Sobre o plano em que se manifesta essa vontade divergente da declaração, PONTES e FERRARA, admitem que ela se manifesta nas chamadas "contradeclarações", ainda que não se restrinjam a isso.

O posicionamento defendido por esses autores, e pela quase unanimidade da doutrina, influenciou o legislador pátrio que estipulou no § 1º do art. 167 do Código Civil:

> Art. 167. (...)
>
> § 1º Haverá simulação nos negócios jurídicos quando:
>
> I – aparentarem conferir ou transmitir direitos a pessoas diversas daquelas às quais realmente se conferem, ou transmitem;
>
> II – contiverem declaração, confissão, condição ou cláusula não verdadeira;
>
> III – os instrumentos particulares forem antedatados, ou pós-datados.

Ocorre que, a dicotomia verdade-falsidade tem limitada aplicação no estudo dos enunciados negociais, ao menos foi o que tentamos demonstrar no item 4.1. Os predicados da "verdade" e da "falsidade" podem ser atribuídos, em rigor, somente à enunciação enunciada do enunciado negocial, e não ao seu enunciado enunciado, que tendo uma característica performativa, não relata nada, realiza uma ação, que não pode receber o *status* de verdadeira ou falsa, mas sim de "sincera" ou de "insincera".

Amparado em nossas premissas, seja-nos lícito interpretar o dispositivo adequadamente para firmar que: (i) os incisos I e II aludem à insinceridade do enunciado enunciado e o inciso III à falsidade da enunciação enunciada. Exceção a essa regra é o caso da analogia entre ações negociais, que, se e quando, prevista na legislação[243] como uma relação necessária, poder-se-ia considerar a inexistência dessa representação analógica como sendo as hipóteses de falsidade previstas nos incisos I e II.

Voltando às referências doutrinárias trazidas à tona, queremos defender que a divergência entre vontade e declaração, traço característico da simulação, se apresenta, na imensa maioria dos debates fisco-contribuinte, como um problema de intenção do enunciado enunciado negocial, *i.e.*, sobre sua sinceridade-insinceridade.

7.2 Simulação como problema de intenção do enunciado negocial: uma proposta

Simulação é um disfarce comunicativo. É significar a ação A por meio do enunciado convencionalmente estabelecido para B. "Simulação" e "dissimulação" são terminologias que empregamos para pôr em evidência a maneira astuta como um negócio é realizado; realiza-se uma ação, dissimulando-a, por meio de enunciados convencionados para a realização de outra. Cingiríamos melhor a questão se falássemos em enunciado negocial simulatório (dizer) e ação negocial dissimulada (fazer).

---

243. A exemplo do citado art. 1.515 do Código Civil.

NEGÓCIO JURÍDICO NO DIREITO TRIBUTÁRIO
ENSAIO SOBRE UMA TEORIA DA SIMULAÇÃO

José Luiz Fiorin afirma que problemas semelhantes a esse têm por base o contrato enunciativo, "no caso de um acordo entre enunciado e enunciação, ele explicita-se como 'o enunciado X deve ser lido como X'; no caso oposto, como o 'enunciado X deve ser interpretado como não-X'". Pautando-se em valores próprios dos enunciados constatativos, elucida que se dá um jogo entre o ser (significação atribuída ao enunciado) e o parecer (significado convencional do enunciado).

A partir disso, temos em mente que o negócio jurídico simulado e o negócio jurídico dissimulado se materializam no mesmo dado: o enunciado negocial (suporte físico). No significado convencional desse enunciado, encontramos o negócio simulado, na significação que lhe foi atribuída encontramos o negócio jurídico dissimulado (a ação negocial realizada).

Não se pode, no entanto, pensar que a dissimulação está restrita à simulação relativa. Também há objeto dissimulado na simulação absoluta. Simulação e dissimulação são termos que andam juntos. Onde há mentira, há segredo; onde há simulação, há dissimulação. A diferença entre essas espécies é: na simulação absoluta, o que se dissimula é o não negócio, ocultam-se os termos de desfazimento do negócio, e na simulação relativa se dissimula um negócio, da ordem jurídica ou socioeconômica.

O ato simulatório é, portanto, uma tentativa de ocultar a intenção significativa, o estágio intencional do fazer. Eis onde reside o problema da intenção na simulação: estágio intencional do fazer (significar). Essa intenção do fazer, como vimos, não é simplesmente um querer, é um querer impingindo uma significação ao dizer, por lhe impor condições de satisfação.[244]

Condições de satisfação essas que aparecem nos termos da relação jurídica negocial. Diante disso, podemos sustentar, como sustentamos, que a divergência que importa à simulação é aquela instituída intencionalmente, e ardilosamente,

---

244. V. item 6.3.1

entre o negócio jurídico convencionalmente significado pelos termos do enunciado negocial, e o negócio jurídico a que estão vinculados os termos da relação jurídica. O negócio convencionalmente significado é o negócio simulado, e o negócio indicado pela relação jurídica é o negócio dissimulado, que efetivamente se realizou. Eis o caso clássico de simulação relativa. Acaso os termos dessa relação jurídica impliquem a não realização do negócio jurídico, estaremos diante de um caso de simulação absoluta.

A doutrina de direito tributário se não tem defendido isso de forma explícita, tangencia esse entendimento há algum tempo, primeiro com RICARDO MARIZ DE OLIVEIRA, que elenca os "atos de desfazimento ou supressores de efeito" do negócio jurídico simulado,[245] e depois com CHARLES MCNAUGTHON,[246] que utiliza da expressão "índices negadores" para sustentar que o negócio simulado tem sua significação negada por outros signos.

Um apontamento importa: o suporte material do negócio jurídico dissimulado não são os "atos de desfazimento ou supressores de efeito" ou os "signos negadores", mas o próprio o enunciado negocial, que veicula os termos da relação jurídica estabelecida entre as partes. Esses sinais referidos por RICARDO MARIZ DE OLIVEIRA e CHARLES MCNAUGTHON não veiculam o negócio dissimulado (simulação relativa), ou o não negócio

---

245. "É essencial compreender que o negócio indireto diferencia-se da simulação porque nesta há desconformidade entre o desejado e o praticado, o que obriga as partes a realizar atos paralelos ocultos de desfazimento ou neutralização dos efeitos do praticado ostensivamente, ao passo que no negócio indireto as partes desejam e mantêm o ato praticado e se submetem por inteiro ao seu regime jurídico e a todas as suas consequências" (*Apud* Acórdão nº 103-23.441 da Terceira Câmara do 1º Conselho de Contribuintes, p. 12).

246. "Após essa reflexão, podemos contornar a dificuldade do conceito de simulação, concebendo, não a captura da essência de um negócio simulado – que importaria uma visão essencialista da linguagem – mas indagando quais critérios determinado discurso pode adotar para considerar um ato jurídico como fruto de simulação [...] Esse discurso há de apontar, nesse caso, que a linguagem objeto está permeada de signos representando certo objeto (os 'signos simuladores') e que nessa mesma linguagem ou no contexto a ela circundante há a presença de índices que negam a presença desse objeto (os 'índices negadores')" (McNAUGHTON, Charles. *Elisão e norma antielisiva:* completabilidade e sistema tributário, p. 177).

(simulação absoluta), mas informam a significação do enunciado negocial.

Nesse quesito, aliás, não podemos tomar de empréstimo a afirmação de Pontes de Miranda de que as contradeclarações deem suporte ao negócio dissimulado. Suporte material, quem dá, é o próprio enunciado negocial tido por simulatório. Eis o ardil: colocar em dúvida qual a significação atribuída a esse enunciado.

Sobre esse quesito, embora verbalize a posição de que mais nos distanciamos, pontuando a simulação como um problema do estágio intencional do "por que fazer" (função), Betti[247] reconhece que o problema da simulação é encarado também como um problema de interpretação, citando o direito desenvolvido em solo britânico, onde, aliás, Austin deu início à teoria dos atos de fala.

O Acórdão nº 104-21.498, lavrado pelo Conselho Administrativo de Recursos Fiscais (CARF), socorre nossa exposição.

No caso analisado, as partes firmaram documentos em que: (i) manifestavam a intenção de se realizar uma compra e venda de ações; (ii) uma delas prometia aumentar seu capital social e a outra a subscrevê-lo e integralizá-lo; (iii) se comprometiam a cindir a empresa que recebeu o aporte de capital; (iv) se comprometiam que, após a cisão, o dinheiro proveniente do aumento de capital social caberia à parte que detinha, originariamente às ações da empresa e (v) o patrimônio da empresa cindida deveria ser destinado à parte que tinha feito o aporte de capital. Vejamos os termos da ementa do acórdão:

> SIMULAÇÃO – CONJUNTO PROBATÓRIO – Se o conjunto probatório evidencia que os **atos formais praticados** (reorganização societária) **divergiam da real intenção subjacente**

---

247. "Um tal modo de ver leva, naturalmente, a tratar a simulação, não como um vício do negócio, mas como uma forma de linguagem de calão, na qual o que deve ter valor social e jurídico entre as partes, não é o sinal adotado, mas, simplesmente a alusão nele contida...Se não estamos em erro, é precisamente este o ponto de vista do direito inglês..." (BETTI, Emilio. *Teoria geral do negócio jurídico*, p. 565).

> (compra e venda), caracteriza-se a simulação, cujo elemento principal **não é a ocultação do objetivo real**, mas sim a existência de **objetivo diverso daquele configurado pelos atos praticados**, seja ele claro ou oculto.
>
> OPERAÇÕES ESTRUTURADAS EM SEQUÊNCIA – **O fato de cada uma das transações, isoladamente e do ponto de vista formal**, ostentar legalidade, não garante a legitimidade do conjunto de operações, quando fica comprovado que os atos praticados tinham objetivo diverso daquele que lhes é próprio. (Recurso nº 145.996, Acórdão nº 104-21.498, Rel. Maria Helena Cotta Cardozo, grifamos)

Na hipótese do julgado, o texto negocial, assim considerado aquele vertido em todos os documentos mencionados, veicula duas relações jurídicas reciprocamente vinculadas: (i) de compra, onde há uma parte com dever de pagar uma quantia à outra, e essa outra com o direito de recebê-la, e (ii) de venda, onde uma parte tem o dever de entregar parte de seu patrimônio à outra, que tem o direito de recebê-lo. Relação essa vinculada a uma ação negocial de compra e venda. O fato de essa relação aparecer vertida em vários documentos é irrelevante, há aqui uma soma de termos que implica uma relação de tal espécie.[248] De forma que os negócios jurídicos simulados (mencionados pelo enunciado enunciado negocial) foram de cisão e incorporação, enquanto que o negócio jurídico dissimulado (realizado pelo enunciado enunciado negocial) foi de compra e venda de participações societárias.

Com isso, podemos finalizar reforçando que a simulação é o desacordo entre o significado convencional do dizer e aquilo que foi feito por esse dizer, ou seja, a significação que lhe foi atribuída por suas condições de satisfação intencionalmente impostas.

---

248. V. item 2.4.

7.3 Simulação e abuso de direito: uma confusão

Não vamos abordar neste tópico a possibilidade ou impossibilidade de tachar, por abusivo, negócio jurídico destinado à economia tributária. A qualidade das obras que temos em mãos sobre o assunto[249] faz com que qualquer manifestação paralela, de nosso punho, seja de pouca utilidade.

O que pretendemos é enfatizar que o abuso de direito também é um vício de intenção, mas que não influi na natureza do negócio jurídico realizado, pois, o que era para ser algo evidente, não tem sido tratado dessa forma, como vemos pelo seguinte julgado do Conselho Administrativo de Recursos Fiscais:

> **Acórdão nº 2801.003.958**
>
> IRPF. GANHO DE CAPITAL. ALIENAÇÃO DE IMÓVEIS. ELISÃO FISCAL. PLANEJAMENTO TRIBUTÁRIO. SIMULAÇÃO.
> A interpretação da norma tributária, até para a segurança do contribuinte, deve ser primordialmente jurídica, mas a consideração econômica não pode ser abandonada. Assim, uma **relação jurídica sem qualquer finalidade econômica**, digo, cuja única **finalidade seja a economia tributária,** não pode ser considerada um comportamento lícito.
>
> [...]
>
> Não encontro na situação que se concentra nestes autos finalidade ou escopo econômico para a transferência do terreno das pessoas físicas para a XYZ Ltda. Noto que apesar de serem sócios da empresa, não se falou em "integralização de capital", mas defendeu-se sempre que houvera uma "venda". Assim, a empresa teria "comprado" o imóvel de seus sócios e esse negócio não foi registrado em Cartório.
>
> [...]
>
> Assim, apesar do citado contrato particular de Promessa de Compra e Venda de Imóvel (fl. 20) entre a XYZ Ltda. e a SWY Ltda., em que também se funda o recurso, para afirmar que o imóvel havia sido transferido para a pessoa jurídica pelos sócios, entendo que se aplique ao caso o **conceito de "simulação":**

---

249. Paulo Ayres Barreto, *Elisão tributária:* limites objetivos *(Tese de livre-docência)* e Charles Mcnaughton, *Elisão e norma antielisiva*: completabilidade e sistema tributário.

> [...]
> Dessa feita, **não desconheço que haja tal Contrato**, que, aliás, foi depois, no curso da fiscalização, descaracterizado pelas Diligências junto à compradora Valle Ltda., mas **entendo que o mesmo deva ser superado e o negócio requalificado** (nos termos da doutrina supracitada) **para se concluir que a primeira venda**, registrada na contabilidade da XYZ Ltda., **não teve nenhum escopo econômico** (ou o *business purpose test*, do direito tributário norte-americano) e tal registro, assim como o Contrato, outra finalidade não visava que não *(sic)* contornar a tributação de capital nas pessoas físicas. Seria aceita como lícita a economia fiscal quando decorrente de negócio que, além de evitar o imposto, tivesse um objetivo negocial explícito (grifamos).

A ementa e os trechos selecionados do acórdão em destaque põem à evidência a confusão que se tem feito entre simulação, como vício intencional, e abuso de direito. A ponto de os critérios em que se pauta, atualmente, a jurisprudência do CARF,[250] quando o tema é licitude ou ilicitude do planejamento tributário, não serem mais, a rigor, sobre as figuras da simulação e abuso de direito, mas sim sobre a existência de propósito negocial e finalidade exclusiva de economia tributária. Esses conceitos têm sido determinantes para a classificação da ação elisiva, em lícita e ilícita, ora vista como caso de simulação, ora de abuso de direito.

No acórdão de nº 1402.001.858, o que determinou a categorização do negócio como simulado foi a finalidade exclusiva de economizar tributos, i.e., o estágio intencional do "por que fazer", exatamente o contrário do que alardeamos; preferimos acreditar que estamos com a razão.

Recapitulando: a prática de um determinado negócio jurídico pode envolver mais de um estágio intencional, o do "fazer" e o do "por que fazer". O primeiro é capaz de orientar sobre qual o negócio jurídico efetivamente realizado (feito), e o segundo é capaz de orientar sobre quais as razões (função

---

250. V. Acórdãos nºˢ 2403-001.672, 3202-001.136, 2801-001.733, 1103-000.501, 2102-00447 e 108-05748.

ou motivo do negócio jurídico) que o levaram a ser realizado. Esse estágio intencional do "por que fazer" não nos orienta sobre o negócio jurídico realizado (feito), mas indica o porquê se realizou tal negócio, que pode ser: economia tributária, maior eficiência administrativa, capitalização da empresa para investimento em produtividade etc. Quantos forem os porquês, mais estágios intencionais desse tipo estarão envolvidos. E mais abrangente será a ação investigada.[251]

Assim, a pergunta sobre o abuso de direito é, essencialmente, um questionamento sobre o estágio intencional do "por que fazer", e não sobre o que se fez.

Aliás, a discussão do abuso de direito pressupõe que o negócio jurídico realizado tenha se realizado sem vícios de intenção. Exatamente isso que causa perplexidade em PAULO AYRES BARRETO:[252] a ilicitude do negócio jurídico abusivo pressupõe sua licitude.[253]

E por que a licitude antecede a ilicitude? Porque o abuso de direito se manifesta no estágio intencional do "por que fazer", que sucede ao estágio intencional do "fazer". Logo, quando se diz que o abuso de direito, como ilícito, pressupõe a licitude do negócio jurídico, o que estamos referindo é que o vício de intenção do abuso de direito pressupõe que não tenha sido viciada a intenção de realização do negócio jurídico. Estágios intencionais diferentes, vícios diferentes.

Acaso viciado o estágio intencional do "fazer", nem se chega a perguntar pelo estágio intencional do "por que fazer". A ilicitude da simulação chega antes, em termos lógicos, não

---

251. V. item 2.2.1.

252. "Abuso de direito é expressão que encerra algumas perplexidades. Há uma ação que guarda conformidade com o direito posto, mas, ao mesmo tempo, é a ele contrária, por ser abusiva" (BARRETO, Paulo Ayres. *Elisão tributária*: limites normativos, p. 152).

253. Código Civil: Art. 187. Também comete ato ilícito o titular de um direito que, ao exercê-lo, excede manifestamente os limites impostos pelo seu fim econômico ou social, pela boa-fé ou pelos bons costumes.

cronológicos. Há uma causação transitiva intencional entre os estágios em que se manifesta a simulação (fazer), e o estágio em que se manifesta o abuso (por que fazer).[254] O primeiro implica o segundo e, por isso, se há ilicitude no primeiro, desnecessário perguntar pela ilicitude do segundo; o dado suficiente para fundamentar a revogação do negócio jurídico já se concretizou.

Assim, o abuso de direito deve ser tratado como um vício de "por que fazer". Algo que se identifica a partir de uma valoração do porquê se realizou um negócio jurídico.

Aí o equívoco do acórdão n° 1402.001.858, há uma valoração do porquê se realizou mais de um contrato de compra e venda, o que nos leva ao vício do abuso de direito, não da simulação.

No abuso de direito, a valoração tem por objeto o estágio intencional do "por que fazer". E a ele se pode atribuir um valor: (i) positivo, quando há compatibilidade do negócio jurídico com os bons costumes, boa-fé e seus fins econômico-sociais, ou (ii) negativo, quando não há compatibilidade do negócio jurídico com os bons costumes, boa- fé e seus fins econômico-sociais. Assim, se considerado que o estágio intencional do "por que fazer" revela um desvalor[255] jurídico, haverá abuso de direito.

---

254. Item .2.2.1.

255. "Onde houver valor, haverá, como contraponto, o desvalor, de tal modo que os valores positivos e negativos implicam-se mutuamente..." (CARVALHO, Paulo de. *Direito tributário, linguagem e método*, p. 177).

CONCLUSÕES

O texto foi organizado a partir dos eixos-temáticos em que, usualmente, se insere cada tópico. Não obstante isso, as conclusões que ora apresentamos se valem das premissas que estão espalhadas ao longo do texto, eis a razão porque deixamos de estruturá-las por capítulos. A estrutura que propomos considerou a sucessividade que há entre elas.

1ª CONCLUSÃO

Premissas:

1.a) Os fatos jurídicos em sentido amplo são constituídos pela linguagem jurídica, o dado não linguístico pertence ao mundo dos eventos.

1.b) O negócio jurídico e o fato jurídico em sentido estrito pertencem à classe dos fatos jurídicos em sentido amplo.

1.c) Os enunciados jurídicos podem possuir uma dupla força performativa, a primária, de natureza deôntica, própria de todos os enunciados jurídicos, e a secundária, que realiza a ação negocial, própria dos enunciados jurídicos negociais.

1.d) A ação negocial pode ser: (i) realizada por enunciado negocial não formal, quando estará inserta no universo dos eventos, integrando a espécie dos eventos negociais; (ii) realizada por enunciado negocial formal-não-jurídico, quando estará inserta no universo dos fatos socioeconômicos, integrando a espécie dos negócios socioeconômicos; (iii) realizada por enunciado negocial formal-jurídico, quando estará inserta no universo dos fatos jurídicos em sentido amplo, integrando a espécie dos negócios jurídicos e (iv) relatada por enunciado fático jurídico, quando estará inserta no universo dos fatos jurídicos em sentido amplo, integrando a espécie dos fatos jurídicos em sentido estrito.

1.e) A norma jurídica negocial, em plano abstrato e geral, tem como termo antecedente uma hipótese, que prevê a realização de uma ação negocial, e como termo consequente uma hipótese relacional, e no plano concreto e individual, tem como termo antecedente uma ação negocial concreta e como consequente a relação jurídica negocial.

1.f) A ação negocial demarcada pela hipótese da norma negocial abstrata e geral, pode aparecer, na concretude dos fatos, como uma macroestrutura, resultante do encadeamento de várias ações negociais, é a macroação negocial.

1.g) A relação jurídica que o negócio jurídico é capaz de implicar constitui seu efeito jurídico imediato.

Proposição conclusiva: Negócio jurídico é a ação negocial formal-jurídica, ou o conjunto delas (macroação negocial), realizada ao se proferir um enunciado negocial e capaz de implicar determinada relação jurídica.

2ª CONCLUSÃO:

Premissas:

2.a) A norma jurídica de incidência tributária, abstrata e geral, quando veicula nomes conceitualmente vinculados a negócios jurídicos, impõe o dado capaz de denotar esse conceito como sendo o suporte fático do fato jurídico tributário.

2.b) Esse suporte fático pode-se manifestar como um (i) evento negocial; (ii) negócio socioeconômico ou (iii) negócio jurídico.

2.c) Não válido é o negócio (evento negocial ou negócio socioeconômico) que não entrou no mundo jurídico; não foi realizado pela linguagem jurídica.

2.d) A incidência tributária depende da existência do dado conceitualmente previsto na hipótese normativa, mas independe da sua existência institucional (validade).

Proposição conclusiva: A norma de incidência tributária abstrata e geral, que veicule nomes conceitualmente relacionados a determinada espécie negocial (compra e venda, doação, arrendamento e etc.), é aplicada mediante a constituição de norma individual e concreta que, no seu termo antecedente, relate a realização de um evento negocial, negócio socioeconômico ou negócio jurídico, conceitualmente subsumidos àquela espécie negocial.

3ª CONCLUSÃO:

3.a) Verdade é a representação adequada de um enunciado por outro enunciado.

3.b) O enunciado possui dois conjuntos enunciativos: (i) enunciação enunciada, que relata o processo de enunciação, e (ii) o enunciado enunciado que veicula todas as demais informações do enunciado.

3.c) As enunciações enunciadas dos enunciados negociais relatam seu processo de enunciação, e, tendo a qualidade de enunciado constatativo, podem ser reputadas falsas.

3.d) Os enunciados enunciados negociais não representam dados que lhe são externos, realizam ações, são essencialmente performativos, e, portanto, não podem ser predicados como verdadeiro ou falso.

3.e) As ações negociais jurídicas realizadas pelos enunciados enunciados negociais jurídicos, podem ser reputadas pelo direito positivo como signos analógicos de outras ações negociais, em especial as socioeconômicas, hipótese em que essas ações negociais jurídicas podem ser valoradas como verdadeiras ou falsas, conforme o ajuste ou desajuste da representação por analogia.

Proposição conclusiva: Simulação do negócio jurídico, como vício de verdade, somente tem lugar nas poucas situações em que exista dessemelhança entre a enunciação enunciada negocial e a enunciação por ela relatada, ou, entre a ação negocial jurídica realizada e aquela que deveria representar analogicamente.

4ª CONCLUSÃO:

Premissas

4.a) O enunciado negocial, como todo enunciado performativo, pode ser destinado a realizar uma ação performativa diferente daquela que convencionalmente lhe foi estabelecida.

4.b) A intenção de significação do enunciado negocial, manifestada no texto, indica qual a ação negocial efetivamente realizada.

4.c) A condição de satisfação imposta ao enunciado negocial nos orienta sobre qual a intenção de significação desse enunciado e, consequentemente, qual a ação negocial ele, efetivamente, realizou.

4.d) A condição de satisfação jurídica imposta ao enunciado negocial é a relação jurídica, ou as relações jurídicas reciprocamente vinculadas, positivadas como seu efeito jurídico imediato.

4.e) Simular algo, pela linguagem, é proferir ardilosamente enunciado com significado convencional distinto da significação que lhe foi intencionalmente imposta.

Proposição conclusiva: Simulação do negócio jurídico, como vício de intenção, é o desajuste ardiloso entre o negócio jurídico convencionalmente significado pelo enunciado negocial, e o negócio jurídico efetivamente realizado, assim considerado aquele capaz de implicar, de forma imediata, a relação jurídica constante do texto negocial.

5ª CONCLUSÃO:

5.a) A intenção manifestada na realização do negócio jurídico pode ser complexa.

5.b) A intenção complexa inclui vários estágios intencionais. Convencionamos chamar o primeiro estágio intencional como o estágio intencional do "fazer" e os subsequentes como estágios intencionais do "por que fazer".

5.c) O estágio intencional do "por que fazer" está relacionado aos conceitos tradicionais da "função" (causa final) e dos "motivos" do negócio jurídico, considerados como integrantes de sua causa intencional.

5.d) O estágio intencional do "por que fazer" não interfere na determinação do negócio jurídico realizado pelo enunciado negocial.

5.e) O vício do abuso de direito pressupõe a inexistência de simulação, como vício de intenção.

5.f) O abuso de direito é um vício que se refere ao estágio intencional do "por que fazer".

Proposição conclusiva: O abuso de direito é o vício de valoração da intenção do porquê se faz um negócio jurídico, sendo irrelevante para denotar qual o negócio jurídico efetivamente realizado.

REFERÊNCIAS

ABBAGNANO, Nicola. *Dicionário de filosofia*. Tradução da 1ª edição brasileira coordenada e revisada por Alfredo Bosi. Revisa da tradução e tradução dos novos textos Ivone Castilho Benedetti. 6. ed. São Paulo: Editora WMF Martins Fontes, 2012.

ADEODATO, João Maurício. *Uma teoria retórica da norma jurídica e do direito subjetivo*. São Paulo: Noeses, 2011.

ALMEIDA, Carlos Ferreira de. *Texto e enunciado na teoria do negócio jurídico*. Vols. 1 e 2. Lisboa: Almedina, 1992.

AMSELEK, Paul. Le locutoire et l'illocutoire dans les énonciations relatives aux normes juridiques. *Revue de Métaphysique et de Morale*, 1990-3, p. 385-413. Disponível em: <https://goo.gl/9aTVfe>. Acesso em: 02 fev. 2018.

ANDERLE, Ricardo. *Conflitos de competência tributária entre o ISS, ICMS e IPI*, São Paulo, Noeses: 2016.

ANDRADE, Manoel Domingues de. *Teoria geral da relação jurídica*. Vols. 1 e 2. Coimbra: Livraria Almedina, 1966.

ARAUJO, Clarice von Oertzen de. *Semiótica do direito*. São Paulo: Quartier Latin, 2005.

ATALIBA, Geraldo. *Hipótese de incidência tributária.* 5ª ed. 8. tir. São Paulo: Malheiros, 1999.

AUSTIN, John L. *Quando dizer é fazer.* Tradução Danilo Marcondes de Souza Filho. Porto Alegre: Artes Médicas, 1990.

AZEVEDO, Antônio Junqueira de. *Negócio jurídico*: existência, validade e eficácia. 4ª ed. atualiza de acordo com o novo Código Civil (Lei n. 10.406, de 10-1-2002). São Paulo: Saraiva, 2002.

BARRETO, Paulo Ayres. *Elisão tributária:* limites objetivos (Tese de livre-docência). 2008. 278f. Universidade de São Paulo. São Paulo.

BETTI, Emilio. *Teoria geral do negócio jurídico.* Tradução Servanda Editora. Campinas, SP: Servanda Editora, 2008.

CARRAZZA, Roque Antônio. *Curso de direito constitucional tributário.* 19. ed. São Paulo: Malheiros, 2003.

CARVALHO, Aurora Tomazini de. *Curso de teoria geral do direito*: o construtivismo lógico-semântico. 2ª ed. São Paulo: Noeses, 2010.

CARVALHO, Cristiano. *Ficções jurídicas no direito tributário.* São Paulo: Noeses, 2008.

CARVALHO, Paulo de Barros. *Curso de direito tributário.* 17. ed. São Paulo: Saraiva, 2005.

_____. *Direito tributário, linguagem e método.* São Paulo: Noeses, 2008.

_____. *Fundamentos jurídicos da incidência.* 4ª ed. São Paulo: Saraiva, 2006.

_____. *Derivação e positivação no direito tributário.* São Paulo: Noeses, 2011.

CASTRO Jr. Torquato. *A pragmática das nulidades, negócio jurídico inexistente*. São Paulo: Noeses, 2009.

CERQUEIRA, Luiz Alberto; OLIVA, Alberto. *Introdução à lógica*. Rio de Janeiro: Editora Zahar, 1979.

CHALHUB, Samira. *A metalinguagem*. São Paulo: Editora Parma, 2005.

CHIESA, Clélio. *A competência tributária do estado brasileiro*: desonerações nacionais e imunidades condicionadas. São Paulo: Max Limonad, 2002.

DERZI, Misabel. Mutações, complexidade, tipo e conceito, sob o signo da segurança e da proteção da confiança. In: TORRES, Heleno Taveira (Org.). *Tratado de direito constitucional tributário*. Estudos em homenagem a Paulo de Barros Carvalho. São Paulo: Saraiva, 2005.

DIAS, Karem Jureidini. *Fato tributário*: revisão e efeitos jurídicos. São Paulo: Noeses, 2013.

DIJK, Teun Adrianus van. Cognição, discurso e interação (org. e apresentação de Ingedore V. Koch). São Paulo: Contexto, 1992 (Caminhos da linguística).

ENNECCERUS, Ludwig. Derecho Civil (parte general). 3ª ed. Vol. 2, primeira parte. *Decimoquinta revisión por* NIPPERDEY, Hans Carl. In: *Tratado de Derecho Civil*. ENNECCERUS, Ludwig; KIPP, Theodor; WOLFF, Martin. Barcelona: Bosch, 1981.

FERRAZ Jr. Tercio Sampaio. *Introdução ao estudo do direito*. 4ª ed. São Paulo: Atlas, 2003.

_____. *O direito, entre o futuro e o passado*. São Paulo: Noeses, 2014.

FIORIN, José Luiz. *As astúcias da Enunciação, as categorias de pessoa, espaço e tempo*. São Paulo: Editora Ática, 2005.

_____. *Introdução ao pensamento de Bakhtin*. São Paulo: Ática, 2006.

_____. *Elementos de análise do discurso*. 14. ed. São Paulo: Contexto, 2006.

FERRARA, Francisco. *A simulação dos negócios jurídicos*. Campinas: RED Livros, 1999.

GOMES, Orlando. *Introdução ao direito civil*. 10. ed. Rio de Janeiro: Forense, 1991.

GRECO, Marco Aurélio. *Planejamento tributário*. São Paulo: Dialética, 2004.

GRICE, Paul. Lógica e Conversação. Tradução João Wanderley. In: DASCAL, Marcelo (org.). Fundamentos Metodológicos da Linguística. Volume IV. *Pragmática – Problemas, Críticas, Perspectivas da Linguística*. Campinas: Unicamp, 1992.

GUASTINI, Riccardo. *Das fontes às normas*. São Paulo: Quartier Latin, 2005.

HABERMAS, Jurgen. *Teoría de la acción comunicativa:* complementos y estudios previos. 3ª ed. Tradução Manuel Jiménez Redondo. Madrid: Cátedra, 1997.

HORVATH, Estevão. *Lançamento tributário e "autolançamento"*. 2ª ed. São Paulo: Quartier Latin, 2010.

IVO, Gabriel. *Norma jurídica, produção e controle*. São Paulo: Noeses, 2006.

JAKOBSON, Roman. *Linguística e comunicação*. 22. ed. Tradução Izidoro Blikstein e José Paulo Paes. São Paulo: Cultrix, 2010.

KANT, Emmanuel. *Crítica da razão pura*. Tradução do Dr. J. Rodrigues de Mereje. 2ª ed. São Paulo: Edigraf, 1958.

KELSEN, Hans. *Teoria pura do direito*. 6ª ed. Tradução João Batista Machado. São Paulo: Martins Fontes, 1998.

LOPES, M. M. de Serpa. *Curso de direito civil:* introdução, parte geral teoria dos negócios jurídicos. Vol. 1. Rio de Janeiro: Freitas Bastos, 1957.

MARCONDES, Danilo S. F. Desenvolvimentos Recentes na Teoria dos Atos de Fala. *O que nos faz pensar*, Rio de Janeiro, v. 17, p. 25-29, 2003.

_____. Aspectos Pragmáticos da Negação. *O que nos faz pensar*. Rio de Janeiro, v. 23, p. 17-29, 2008.

McNAUGHTON, Charles. *Elisão e norma antielisiva*: completabilidade e sistema tributário. São Paulo: Noeses, 2014.

MELLO, Marcos Bernardes. *Teoria do fato jurídico, plano da eficácia*. 9ª ed. São Paulo: Saraiva, 2014.

_____. *Teoria do fato jurídico, plano da existência*. 20. ed. São Paulo: Saraiva, 2014.

MIRANDA, Pontes. Tratado de Direito Privado, Tomo I, Campinas: Bookseller, 1999.

_____. *Tratado de direito privado*. Tomo II. Campinas: Bookseller, 1999.

_____. *Tratado de direito privado*. Tomo III. Campinas: Bookseller, 1999.

_____. *Tratado de direito privado*. Tomo IV, Campinas: Bookseller, 1999.

MOUSSALEM, Tárek Moysés. *Revogação em Matéria Tributária*. São Paulo: Noeses, 2005.

_____. *Fontes do direito tributário*. 2ª ed. São Paulo: Noeses, 2006.

RAÓ, Vicente. *Ato jurídico*. São Paulo: Max Limonad, 1961.

RICOEUR, Paul. *Teoria da Interpretação, o discurso e o excesso de significação*. Tradução Artur Mourão. Lisboa: Edições 70, 1987. (Orig. 1976).

ROBLES, Gregorio. *O direito como texto*: quatro estudos da teoria comunicacional do direito. Tradução Roberto Barbosa Alvex. Barueri: Manole, 2005.

_____. *Los imperativos em Kant y su influencia em la teoría analítica de las normas: de los imperativos de habilidad a las normas de procedimiento*. In: PASCUA, J. A. Ramos e GONZÁLEZ, M. Á. Rodilla. El positivismo jurídico a examen, estudíos em homenaje a José Delgado Pinto. Salamanca: Aquilafuente, p. 1139-1161, 2006.

_____. *Las reglas del derecho y las reglas de los juegos*: ensayo de teoría analítica del derecho. México: Universidad Nacional Autonoma de México. 1988 (Instituto de Investigaciones Jurídicas. Série G. Estudios Doctrinales, n. 114).

SANTAELA, Lúcia. *A percepção, uma teoria semiótica*. 2. ed. São Paulo: Experimento, 1998.

_____. *A teoria geral dos signos*: como as linguagens significam as coisas. São Paulo: Pioneira Thomson Learning, 2004.

SANTI, Eurico Marcos Diniz de. *Decadência e prescrição no direito tributário*. 3. ed. São Paulo: Max Limonad, 2004.

SEARLE, John R. *Intencionalidade*. 2ª ed. Tradução Júlio Fischer, Tomás Rosa Bueno. Revisão técnica Ana Cecília G. A.

de Camargo, Viviane Veras Costa Pinto. São Paulo: Martins Fontes, 2002 (Coleção Tópicos).

_____. *Expressão e Significado, estudos da teoria dos atos da fala*. 2. ed. Tradução Ana Cecília G. A. de Camargo, Ana Luiza Marcondes Garcia. São Paulo: Martins Fontes, 2002 (Coleção Tópicos).

_____. *Os actos de fala*: um ensaio de Filosofia da Linguagem. Coimbra: Almedina, 1981.

TARSKI, Alfred. *Introducción a la lógica:* y la metodología de las ciencias deductivas. Traducción de T.R. Bachiller y J.R. Fuentes. 2. ed. revisada conforme a la terceira inglesa por O. Chateaubriand y M. A. Dickmann. Madrid: Espasa-Calpe, 1968.

TEPEDINO, Gustavo; BARBOZA, Heloisa Helena; MORAES, Maria Celina Bodin de. *Código Civil interpretado conforme a Constituição da República*. 2. ed. revista e atualizada. Rio de Janeiro: Renovar, 2007.

TOMÉ, Fabiana Del Padre. *A prova no direito tributário*. São Paulo: Noeses, 2005.

VENOSA, Sílvio de Salvo. *Direito civil:* parte geral. 11. ed. São Paulo: Atlas, 2011 (Coleção direito civil, vol. 1).

VELOSO, Zeno. *Invalidade do negócio jurídico*. 2ª ed. Belo Horizonte: Del Rey, 2005.

VILANOVA, Lourival. *Causalidade e Relação no Direito*. 4ª ed. São Paulo: Revista dos Tribunais, 2000.

_____. *Estruturas lógicas e o sistema do direito positivo*. 3ª ed. São Paulo: Noeses, 2005.

_____. Sobre o Conceito de Direito. In: *Escritos Jurídicos e Filosóficos*. Vol. 1. São Paulo: Axis Mundi: IBET, 2003.

WITTGENSTEIN, Ludwig. *Tractatus Logico-Philosophicus*. Tradução José Arthur Giannotti. São Paulo: Companhia Editora Nacional: editora da Universidade de São Paulo, 1968.